U0454516

新农民法律维权实务丛书

外卖小哥权益保障一点通

■ 叶青　编著

WUHAN UNIVERSITY PRESS
武汉大学出版社

图书在版编目(CIP)数据

外卖小哥权益保障一点通/叶青编著. —武汉:武汉大学出版社,
2021.12(2022.12重印)
新农民法律维权实务丛书
ISBN 978-7-307-22767-5

Ⅰ.外… Ⅱ.叶… Ⅲ.饮食业—快递—权益保护—研究—中国
Ⅳ.D922.544

中国版本图书馆 CIP 数据核字(2021)第 253926 号

责任编辑:聂勇军 责任校对:汪欣怡 版式设计:马 佳

出版发行:**武汉大学出版社** (430072 武昌 珞珈山)
(电子邮箱:cbs22@whu.edu.cn 网址:www.wdp.com.cn)
印刷:武汉图物印刷有限公司
开本:720×1000 1/16 印张:10 字数:128 千字 插页:1
版次:2021 年 12 月第 1 版 2022 年 12 月第 3 次印刷
ISBN 978-7-307-22767-5 定价:25.00 元

版权所有,不得翻印;凡购我社的图书,如有质量问题,请与当地图书销售部门联系调换。

前　言

外卖小哥，又称为骑手，官方正式文件称呼他们为外卖送餐员、外卖配送员。外卖小哥已经同空气一样生活在我们中间了。

新闻媒体称外卖配送员人数已超过 1000 万，他们成为我们这座城市里最熟悉而又最陌生的人。

美团在"城市新青年—赢未来"公益调研活动、饿了么蜂鸟配送在发布的《2018 外卖骑手群体洞察报告》中都对外宣称，外卖骑手群体以80、90 后为中坚力量，70%以上来自农村，是新青年的典型代表，称赞他们是一群有爱心、有梦想、有担当的城市新青年。

当然，人们也忘不了，疫情期间，众多外卖小哥穿梭在寒冷、人人宅家的城市街头，不仅为一个个家庭、防疫值守者、医疗机构等准时送达餐食，更向公众传递着温暖和安全感。

他们是城市里最匆忙的一群人，当你吃早饭的时候他们在路上，当你吃完夜宵时他们还在路上。

彼之蜜糖，我之砒霜，赞他的人称他们是城市的天外飞仙，每日准点送来可口餐食饱我辘辘饥肠，损他的人则贬称他们为城市蝗虫，见单就上，就路就闯，见电梯就抢，满世界乱窜，要钱不要命，是交警眼中的最大麻烦制造者。

他们有过月薪过万的高光时刻，那一刻，客户所有的虐待全变成了糖；当然，也有因送餐超时，受客户谩骂、退单、投诉导致差评，从而遭受平台各种罚款，一日辛苦全然白干的心酸历程。

他们中有人因为送餐从而成功解救人质少女，有人因为顺手为客户带走生活垃圾而受五星好评点赞，也有因好不容易抢过大单，却发现大厦停电，电梯停止运行，而自己的单在30多层只能走楼梯的无奈。

曾经，他们好不容易送完一单餐，却发现停在楼下的其他餐食被偷、电动车被人骑走。

曾经，一个北京外卖小哥只因为送餐超时，当时就在电梯里急哭了。此时的电梯几乎是一层一停，一共三十多层，而这位小哥手里还有三个单没送。

曾经，一外卖小哥因为暴雨天送餐延误，站在楼道被客户痛骂半个小时。

曾经，一张送餐小哥提饭下跪的照片在网上疯传，让人看了实在觉得心酸。

而在与平台的博弈中，他们更有许多工作上的苦，心头的痛，却不知找何人去说。

他们努力送餐，平均每日工作12小时以上，却很少有企业愿为他们签订劳动合同，而国家对这种新型的网约工形式，因缺乏现行法律条文，一时不知如何处置，从而使他们游走在法律的用工灰色地带。

他们每天在城市街头与钢铁车龙竞速，被撞伤撞残不计其数，而这种行业恶性行为却是外卖行业免不了的"刚需"，他们无奈却又得一次次地往前冲、冲、冲。

他们靠青春挣钱，凭体力吃饭，每一个铜板都能闻出汗馊味来，可临了不得不忍受平台各种严苛的考核机制，各种数不清、说不明的罚款，肆无忌惮地盘剥他们的辛勤劳动。

他们因工作受伤，餐饮商家、外卖平台、配送商却互相推诿，投诉到劳动保障部门，因无法确定用工主体，解决起来也是遥遥无期，那份说好的工伤保险待遇，是那么近，却又那么远。

他们用脚丈量城市土地，挣的血汗钱全部寄回老家，可谁知却后院起火，村里的那个她却成了"逃跑新娘"，人财两空，欲哭无泪。

他们不是在送单，就是在送单的路上，工作单调、重复、机械，没有培训，没有团建，没有真心朋友，年复一年，日复一日，他们不想大好青春就此度过，可茫然四顾，发现除了送饭，自己空无一技之长，不知人生今后的出路在哪里。

……

外卖小哥要想在城市有尊严地工作和生活，还有很长的路要走。目前我国劳动力结构和总量正在发生变化，尤其正逢当前互联网+经济如火如荼之际，面临新型用工形式，国家应积极转变发展思路，讲求经济发展和社会发展并行，在户籍制度、就业制度、劳动关系管理制度和社会保障制度上加大改革步伐，为新型用工者创造更好的工作、生活和身心发展条件，让外卖小哥们分享工业化和城市化的成果，感受现代文明的丰富多彩，在城市中找到属于自己的精神家园，建设一个更加和谐的新家园。

外卖小哥的呼声应该有人倾听，外卖小哥的诉求应该有人回应，外卖小哥的苦楚应该有人感同身受并身体力行去解决，正是基于此，本书本着对外卖小哥的关注、关爱，通过相关调研，对外卖小哥应该拥有的各种劳动权益进行了深入的分析和阐释，并列举相关案例进行解析，以帮助他们认清自己的权益，切实保障自身的权益。本书通俗易懂，言简意赅，以亲切平和的语言、富有条理的方式，讲解各种维权之道，从而让外卖小哥能挺直腰杆，向各种不合理的侵权行为说不，与城里人一样共享发展机遇，同享国家红利，并为心怀梦想的他们如何更好地融入城市提供相关指导。

本书在编写过程中虽然倾尽全力，但由于编者水平所限，难免会出现疏漏或错讹之处，恳请读者批评指正。

本书在编写过程中参考了国家相关部委以及外卖配送行业协会等相关部门网站推送的文章，也参考了前人撰写的相关资料，对他们的辛苦付出表示衷心的感谢！

作者

2021 年 10 月

目　录

第一章

外卖小哥，你在他乡还好吗

有这样一群人，当你吃早饭的时候他们在路上，当你吃完夜宵时他们还在路上。

风雨中，是他们骑着电动车匆匆而行的身影；烈日下，厚厚工作服下是他们满身的汗水。他们以自己的匆忙，以自己的汗水，满足着城市里许多人的一日三餐。

辛苦工作背后，有感动，也有心酸。感动的是客户们的一声谢谢，心酸的是花了大把时间，有时却得不到客户的理解，客户反而在平台给他们差评，导致这一天白干。

是的，他们就是我们这座城市里最熟悉而又最陌生的人：外卖员。习惯于网络订餐的"拇指一族"亲热地称呼他们为"外卖小哥"。他们也被称为骑手，书面语称为外卖送餐员。

这些外卖小哥 70% 是农村人，90% 是年轻人，他们凭体力吃饭，靠服务赚口碑，在看似重复单调的奔波中，靠经验和智慧，高效地完成送餐工作，服务顾客。

在骑手的送餐之路上，有风雨，有竞争，有磨砺，有成长。他们

1

同很多背井离乡的农村劳动者一样，每天奔波，却又充满梦想，希望早日融入城市，成为城市里的一员；希望也能像城里人那样，在城市娶妻生子，孩子能够在城里上学。

外卖小哥，你在他乡还好吗？

一、外卖小哥众生相

1. 难抢的电梯

小李是一名准大学生，暑假想兼职送外卖挣点学费，在外卖叔叔的推荐下，经过简单的培训，他成为一名外卖配送员。头一天上班，他就抢到了5个单，送餐地点是一家大厦，本以为是一桩美差，可谁知此时正是上下楼高峰，大厦电梯明显不够，等候电梯上楼的员工排

外卖小哥对高楼又爱又恨

了十多米远，小李等了一刻钟，好不容易挤上电梯，可里面的人觉得他背着大包占位，又汗流浃背，气味不好，毫不客气地将他赶了出来。小李只得等下一趟电梯。十多分钟过后，小李总算挤进去了，小李打电话让8楼的低层客户能否到电梯旁拿一下餐，因为还要送高层楼的客户，时间来不及，可客户说你的职责就是将餐食送到我手上，你挤不挤得进去电梯关我啥事。小李只得走出电梯，派完这单，电梯此时死活上不来，时间一分一秒过去，而楼上客户电话也一个接一个打来，质问小李为何还不到。小李看看时间，如果等电梯，时间肯定来不及，无奈只得走人行楼梯，一路跑着总算送完了，可36楼的客户嫌小李送餐超时，在小李的哀求下，又看到小李上气不接下气，客户总算心软，没有给差评，但说下不为例。为这5个单，小李满头大汗，腿脚酸麻，在楼梯坐了很久才恢复过来，不过庆幸的是，客户没有为难他，没有在第一天就挨罚。

2. 冒雨送了半天外卖，却亏了200元……

外面的雨淅沥沥地下着，伴随着上午10时整的闹钟声，小周起床了，洗脸刷牙，以极快的速度收拾好疲惫的面容，拔下已经充满了电的电瓶，他开始了午餐配送工作。

今天还算幸运，一下子抢到了6单，前4家还算顺利，没费多大周折，可第五单是一个背街小巷，小周打了无数个电话，才在某个角落里，将餐食送到这个神志有点迷糊的老人手中。由于这单费时，第6单送餐时间不到5分钟了，小周只得加快电动车的速度，由于下雨视线不佳，在红绿灯路口，小周心急抢黄线出行，可谁知对向小轿车也是转弯抢行，路中央小轿车撞向了小周，幸亏小周灵活，把住了车手把，餐食算是保住了，可自己膝盖磕破了。小周扶好车，不想惹事，想离开，可小轿车司机不干，借口电动车划伤了前车灯面罩，要小周赔300元。小周不同意，两人争吵不下。交警过来后，认为双方都有责任，协商结果是小周赔偿小轿车司机 130 元。小周息事宁人，交钱后赶紧送最后一单。恼火的客户听完小周的解释后，有点感动，说对不起，我现在不想投诉你了，可实在不好意思，投诉一经发出，就无法撤回了，你下次再送的话，我一定给你好评的，真的对不住啊。小周听后欲哭无泪。

因小周得到差评，公司罚款小周 100 元。就这样，小周辛苦一上午，按每单收入 5 元算，自己不过 30 元，却要搭进去 200 元，相当于近两天要白干。

回家后，小周再也憋不住，哇的一声哭出来。小周每天从上午 10 时起开始送外卖，一直要送到夜里 12 时，凌晨才能拖着疲惫不堪的身体上床睡觉，第二天上午 10 时又要起床继续送外卖。如此辛苦，可时不时遭受客户投诉，还有交通安全问题，小周不知道明天和意外哪个会先到，更难受的是，小周不知这种送外卖生涯还要持续多久，对未来一片茫然。

3. 奔驰车主怒喝外卖小哥：我的车比你值钱

2021 年 8 月 23 日，江苏泰州一位男子驾驶自己的奔驰车在行驶过程中与一位外卖小哥的电动车发生剐蹭。事故发生后，奔驰车主恼羞成怒，不是首先下车查看外卖小哥的伤情，而是破口大骂，称外卖小哥耽误了自己的生意大事，拿出车上的防身铁棍怒打外卖小哥。外卖小哥奋起反抗，由于外卖小哥身子瘦弱，打斗中连连吃亏。奔驰车主边打边怒斥外卖小哥的命不值钱，自己的车有好几百万的保险，比他的命值钱，就算把外卖小哥撞死自己也赔得起。由于侮辱性极强，围观的外卖小哥气愤不过，一起围上来痛殴这位奔驰车主，将奔驰车主打得瘫倒在地。围观群众对此事议论纷纷，知乎上对此事也是评论不一，有说人生而平等，不能仗势欺人，有钱不能任性，以免人狂惹祸，也有说外卖小哥眼里只有钱，哪管人身安全，为了多派单，闯红灯、抢道等种种恶行罄竹难书，害人害己，并污蔑他们为城市蝗虫。

4. 不简单的外卖员

2018 年，在《中国诗词大会》第三季总决赛中，雷海为和五位向冠军宝座发起挑战的选手一起，为观众们奉献了一场精彩纷呈、扣人心弦的比赛。

势均力敌，棋逢对手，最终，雷海为，一位普普通通的外卖小哥，凭借超强实力，夺得了《中国诗词大会》第三季总冠军。

十几年前，雷海为没有多余的钱买书，为了能读诗，就到书店把诗背下来回家再默写，就这样积累了八百多首诗词。

现在工作繁忙的他，也会在等餐或者休息的间隙读古诗词。雷海为和大多数劳动者一样，勤恳地打拼着，一天要送餐 50 多单，在给别人送饭的时候，自己却往往饿着，而自己一天花在吃饭上的时间，三餐加起来也不超过半个小时，钱数不多于 25 元。

"更难能可贵的是，在如此辛劳奔波也并不富裕的日子里，还能够有这样一颗爱诗的心"，主持人董卿也不由得为雷海为发出这般由衷的钦佩和赞许。

很难想象，在这种工作条件下，雷海为还能坚持学习这么多的诗词，并积攒下一身卓越的诗词功底。这该有多大的热情和恒心，又该付出了多少异于常人的努力！

5. 中国最富有的"外卖小哥"

2018 年 9 月 20 日，美团点评在香港上市，发行价 69 港元，开盘价 72.9 港元，盘中最高价 74 港元，涨幅超过 7%。美团市值达到 4041 亿港元(约合 515 亿美元，3527 亿元人民币)，这一市值超过了网易、京东、小米等公司，在中国互联网股上市公司中市值仅次于 BAT，位居第四，而美团创始人王兴个人身家则达到了惊人的 58.86 亿美元(约合 403 亿元人民币)。对照福布斯实时富豪榜，王兴排名在第 352 位。

王兴自此成为中国最富有的"外卖小哥"。

在敲钟现场，参加美团点评敲锣的还有两名美团外卖骑手代表。王兴在演讲中感谢了客户、苹果公司和投资人，并着重感谢了美团的外卖小哥，称没有他们，就没有美团的一切，称赞在和平年代，外卖小哥是城市最可爱的一群人。

二、月薪过万背后的辛酸泪

相比城市普通白领微薄的薪水，一些媒体称外卖小哥为城市高薪阶层，他们一般月薪在5000元以上，月入万元也大有人在。许多城市白领从新闻媒体或同行口中得知这些送饭的竟然比自己挣得还多时，在惊掉下巴的同时，进而愤愤不平，觉得自己本科以上学历，却抵不上一个初中学历者，不禁感叹生活的变态，文凭的廉价。

但正所谓一分耕耘一分收获，当白领们享受着朝九晚五，边听音乐边静候电梯时，外卖小哥为了不超时却要独自爬上20层高楼；当白领们安静享受下午茶时，他们却饿着肚子，仍要在烈日下奔波送餐。他们没有节假日，不管刮风下雨，客户虐我千百遍，我待客户如初恋，他们的收入，正好合理地诠释着什么叫"幸福从奋斗中来"，工作中吃多少苦受多少累，月底数钞票时心里就会有多甜。

那些月入万元的外卖小哥一天是如何度过的呢？请看这则报道。

月收入轻松过万？外卖小哥：呵呵

以前人们总说做快递员挣得比较多，找个好的区域月入上万很轻松。而现在，这个说法变成了当外卖员挣得多，一单六七块，每天跑个几十单就可以轻松过万了，快递员纷纷转行送外卖的新闻也屡见报端。实际情况到底如何？我们听听外卖小哥怎么说。

前两年平台补贴高，月收入确实能过万

今年 28 岁的李建是江西小伙，来南京两三年了，之前是写字楼里西装革履的金融投资专员。"听说送外卖收入高，轻轻松松就能月收入过万，就来做了呗。"脱下西装的李建从事外卖员这行已经 10 个月了，他渐渐发现，外卖员"月入过万"只是个传说。"前两年外卖刚兴起的时候，各大平台烧钱补贴，那时候外卖员也少，确实能过万。现在不行了，没赶上好时候。"

李建现在的收入每个月为 6000 元左右，为此他必须每天接到 35 单左右，每个月只能休息 3 天。"想要挣到 7000 块，必须全月无休才能做到，一个月每天都在路上。我比较想得开，要给自己放几天假。"

过年有值班费补贴，才能月入九千

从入职到现在，李建拿得最多的一个月是今年 1 月份，因为很多外卖员都回家过年了，但是他没有。"过年的时候，每天有 200 块钱的值班费，另外每单再加补贴，我没舍得回老家，那个月我挣了 9000 多块钱。"

不仅收入不如外界传闻的那样多，外卖小哥也并非像很多人想象的那样，只是在午餐和晚餐时间才需要工作，李建每天都需要工作 10 个小时以上，有时候甚至达到 12 个小时。"上午 10 点就骑上'小电驴'开始奔了，一直要送到下午 2 点。但还是没得休息，因为下午 2 点到 5 点，下午茶的订单又来了，下午 5 点到晚上 9 点是晚餐高峰，有时候晚上还会加个班送送夜宵。"

很多外卖员都有职业病，那就是胃不好，都是因为长期错峰吃饭造成的。"有时候忙起来，一整天都没有时间吃饭，或者顺路买两个包子应付一下，一边骑车一边吃。"李建说。

客户五星好评背后其实是一把辛酸泪

截至发稿时，记者点开李建在外卖平台的骑手页面看到，他的送餐总里程是4034公里，准时率达到92.7%，平均配送时长为27分钟，综合评分是4.9分，有389个人曾经评价过他服务好。这些数字背后，反映出李建工作的辛酸。

"我们不仅是把餐送到了就行，送餐速度和服务评分都是很重要的考核数据，会直接影响到系统以后给你派单的多少。"李建负责的是新街口片区，这对于他来说喜忧参半。喜的是这里商场、写字楼聚集，商家和点单的顾客都相对集中，但人流量大，取餐慢，点餐者多在高楼，耽误时间。"不仅是写字楼的电梯慢得要命，大商场的电梯也特别难等，一上一下要15分钟，楼层不高的我干脆就爬楼梯了。"

李建告诉记者，现在每1单的预计等待时间都在半小时左右，如果坐个电梯都要耗这么长的时间，那基本上肯定会超时了，不仅会被扣每单两元的外卖费，更会影响他的好评。"有时候超时了，你还在路上，顾客就把订单取消了，那这份饭就只好我自己买下了。说实话，新街口的不少饭都挺贵的，我舍不得吃。"

说起前段时间北京外卖员在写字楼电梯里急哭了的视频，李建很有感触："其实我和他一样，送餐的时候心都是拎着的。"

每次送餐即便跑得气喘吁吁、满头大汗，李建把外卖送到客户手里时都会平复一下气息，微笑着和点餐人说一句"祝您用餐愉快"，只为能收获一个五星好评。

（节选自2017年5月10日《现代快报》，作者：项凤华、张然）

从以上报道中我们得知，月入过万尽管可能存在，但并非轻松可得到，无非是靠辛苦的汗水及没日没夜的加班换来的。普通外卖小哥这样形容月入过万的外卖小哥：不是在跑单，就是在跑单的路上！

那些能够收获高薪者一天的工作时间是这样的。早晨 6：30 起床，7 点出发开始工作，因为七八时是早点外卖的高峰期，而此时大部分骑手都在休息，人少单多，是外卖小哥的最爱。

送早餐人少单多，是许多外卖小哥的最爱

抢完早班单，时间已过了 9 时。匆匆吃过早点，休息一个小时，从 11 时开始，就是午餐外卖高峰期了，是否月入过万，就靠中午这段黄金时间了。一般外卖员都是 5 份 6 份地集中送单，要来回五六趟，送餐总量达到 30 份才算基本合格，一忙就是 14 时后了。为了抢单，没有外卖员会选择在这个黄金时点吃饭。

14时收班后，肚子早饿得咕咕叫，吃上不超过20元一份的外卖，迎来外卖小哥最惬意的时光，一些奢侈的外卖员会喝上一瓶廉价啤酒，有经验的老哥会在简易出租屋里眯一觉，养精蓄锐，因为从16时开始，又将迎来晚高峰了。如果身体允许，还要抢夜宵派送这一块大蛋糕。因此，转钟过后，凌晨一两点才能休息是许多外卖小哥的工作常态。

从外卖员这一天工作历程来看，想要月入过万，意味着每天必须高强度地工作14个小时以上。碰上刮风下雨，外卖员可就惨了，派单速度明显下降，最怕国家放长假，此时外卖小哥没有一点快乐心情，因为放假是别人的，自己得干活，放一天假意味着自己可能要少挣300元。

相关数据显示，中国外卖骑手已经突破1000万人了。他们是忙碌的一群人，每天穿着回头率极高的小黄衣小蓝衣，戴着头盔，骑着电瓶车风驰电掣，穿梭在城市的街头巷尾。他们不奢望顾客的支持和理解，对他们而言，不被投诉就是最大的幸福，因为每收到一个客户投诉可能就会被扣200元，这是他们将近一天的工资。

在中国十大高危职业排行榜上，外卖员赫然在列，为了满足送餐时点要求，近年来，外卖小哥送餐时发生交通事故的数量在急剧增长，他们每天超负荷工作，与小汽车拼速度，用生命在挣钱。

他们没有白领们的双休，没有准点的下班，有时候深夜还在路上奔波。

月入过万是处于金字塔顶层的少数者，大多数外卖员底薪很少或压根就没有，收入完全靠提成。一般的外卖员工资在五千元上下，二三线城市多在三四千，拿着血汗工资，却还要被平台扣款，忍受客户的责骂。

一个外卖小哥说：做送餐员压力大，赚钱少，还有经受严格的惩罚机制，每五单 50 分钟，一次性送完，如果超时就要罚钱，超时扣 20 元，投诉罚 200 元。本来一个月可以拿七八千的工资，最终拿到手的也就五六千元。

三百六十行，行行出状元。外卖，也并不是从商家拿单、为客户送单这样简单直接，这中间也考验着他们的智慧和经验，以及对时间和地点的规划判断能力。尽管工作辛苦，但许多外员小哥对生活依然充满热爱，对未来照样充满梦想。许多外卖小哥在业余时间不断充实自己。正如一些外卖小哥所说的，送饭会有时，人生而无涯，掌握技能最重要，每天充实自己绝没错。许多外卖小哥身后，都有一堆精彩的故事，他们在忙碌的生活中，创造了不凡，书写着属于自己的辉煌。而许多大城市，也将热情和掌声送给了他们，出台许多优惠政策，为这些城市的穿梭者敞开了怀抱，欢迎他们到城市安家。而其中许多优秀的外卖小哥，通过自己的努力及奋斗，实现了自己的最初梦想，迎来了人生的辉煌时刻。

第二章
外卖小哥从业状况

一、外卖起源

(一)外卖定义

所谓外卖,从字面解释,即外出售卖,售卖的商品既可以是家电,也可是衣服;既可以是商品,也可以是服务。外卖在我国古代早就存在,一直延续到现在。

外卖有广义与狭义之分。广义的外卖指商家为顾客提供便利的送货上门服务,狭义的外卖仅指餐饮企业的外送服务,即餐饮企业生产餐品,通过专门的外送人员,将餐品送到消费者手中的一种服务。

由于互联网经济的发展,外卖平台大量涌现,以往的线下外送现在更多地体现于线上,更多的店家为了扩大影响,促进销售,它们通过在专用外卖平台注册,缴纳一定的佣金,由平台替其宣传和展示,而消费者通过专用平台进行产品消费,平台再雇用专人将餐品送到消费者手中,这种方式实现了三赢,即店家专事生产,平台负责外送,消费者负责消费,三方全力,共同促进了外卖市场的火爆。本书的外卖,主要指这种消费方式,即消费者在外卖平台点单,外卖平台通知店家出单,并通过专人派单,消费者对派单进行消费及对服务进行反馈的全过程。

(二)外卖的特征

"一机在手,消费无忧",手机的普及,外卖平台的产生,极大地解决了都市白领、青年学生及城市农民工简餐的需求,现在外卖几乎深入城市的各个角落,差不多只要有餐馆的地方就有外卖服务。

骑手驿站

外卖之所以受欢迎，发展呈蓬勃之势，是因为外卖呈现出以下特征：

（1）易于选择。以往人们进餐，总要花大量时间对店家进行选择，而通过外卖平台，店家规模、餐饮特色、服务水平等一目了然，减少了消费选择的时间。

（2）方便快捷。店家在外卖平台提供各种餐品，消费者在平台上看到中意的餐品下单，再由专门配送人员上门送货，消费者不用亲自上门消费，店家少了口舌之劳，而消费者通过网上支付，减少了各种支付风险，方便又快捷。

（3）时间有保证。在点餐过程中，最怕的就是长时间的等待，那种饥肠辘辘的感觉相信饥饿者都有体会，而外卖服务的重要特征之一就是时间有保证，一般不超过 30 分钟即可送货上门，且通过网络平台，消费者可以看到菜品从出菜、抢单、送单的全过程，全程可进行监控。

（4）送货上门。只要你在平台上留下准确的地址，不管是百层高楼，还是偏僻小巷，只要平台接单，你就心安理得地坐等餐品上门，不用担心店家脸色，或配送员逃单，无须出门即可坐享美食，实现"饭来张口"的愿望，这种方式尤其受都市越来越多"懒散人"的喜欢。

（5）价格低廉。外卖餐品一般一二十元，价格实惠，不需要与店家讨价还价，很好地满足了大众需求，加之菜品众多，服务优良，消费者可以换着口味、换着店家吃。

（6）透明度高。买卖双方的下单、买单、出单以及抢单、送单、交单等整个交易过程都可在平台显示，各项操作均按统一的标准进行，否则就无法完成交易，整个外卖过程显得透明规范，消费者既不用怕遭遇黑店欺诈，又有很好的投诉渠道可供维权，享受了真正的上帝待遇。

（7）竞争性。消费者通过外卖平台，可以查看哪种餐品订餐较多，是网红品；哪家店订餐客户多，实力较强；哪家店开展的折扣活动大，服务好；哪家店受到顾客的投诉处罚，敬而远之。由于透明度高，迫使店家通过改进服务、提高菜品质量、加大优惠力度来维持生存，否则就遭消费者抛弃，平台取消合作，无法生存。

◎ 小知识

外卖小哥送餐服务流程要求

1. 用户下单

1.1 用户通过外卖配送服务信息技术平台向商户下单。

1.2 对于线上支付的订单，用户应在下单后及时通过外卖配送服务信息技术平台完成支付。

2. 商户确认订单

2.1 商户应在用户下单后 10 分钟内确认订单。

2.2 商户应在确认订单后即刻根据订单要求制作餐品。

3. 外卖配送员接单

3.1 外卖配送员应在外卖配送服务信息技术平台派单后 5 分钟内接单。

3.2 外卖配送员若未及时接单，外卖配送服务信息技术平台应在 5 分钟时电话提醒外卖配送员；若电话提醒后外卖配送员仍未接单，站长应及时联系外卖配送员接单。

3.3 外卖配送员如遇到无法及时接单的情况，外卖配送员或外卖配送服务信息技术平台应及时联系站长改派。

4. 外卖配送员取餐

4.1 外卖配送员应在接单后即刻前往商户，抵达商户后应及时在外卖配送服务信息技术平台上确认。

4.2 外卖配送员取餐时应携带配送箱，进入餐厅后有序取餐，禁止大声喧哗或影响其他顾客选餐，过程中不得将配送箱放于地上。

4.3 外卖配送员应向商户服务人员报述订单信息，出餐后应核对内容、数量、特殊要求和金额等信息，如属于线下支付的订单，外卖配送员应在确保无误后向商户付款。

4.4 外卖配送员应将饮料汤杯等放入杯托中，将冷餐热餐用隔温板分隔，汤羹菜品宜建议商户使用保鲜膜包装后再扣盖以防止遗撒。

4.5 外卖配送员核餐完毕后，与商户服务人员当面完成餐品的封口，即使用统一设计的封口贴，完好工整地贴于包装袋打结处，同时双方签字确认。

5. 外卖配送员送餐

5.1 外卖配送员应到达订单指定位置，停车后携带配送箱上门配送。若订单指定位置为禁入地点，外卖配送员到达指定位置后，应联系用户出来取餐。

5.2 外卖配送员到达用户门口，应礼貌敲门，若无人响应，应电话或短信联系用户。

5.3 待用户开门后，外卖配送员应双手递餐，向用户报述订单信息，并当面核对餐品。如属于线下支付的订单，外卖配送员应与用户当面结清，核对无误后致谢离开。

5.4 外卖配送员不得进入用户家中、收取小费、调侃用户等。

5.5 订单如参与超时赔付活动，外卖配送员到达用户地址后(但用户不在)，应通过外卖配送服务信息技术平台即刻电话或短信联系用户，并以此时间节点作为是否参与赔付的界定基础(即以外卖配送服务信息技术平台提示为准)。线上支付则原渠道退款，线下支付则按外卖配送服务信息技术平台提示收取餐费。

（节选自《外卖配送服务规范》GB/T1.1—2009）

（三）外卖产生条件

1. 餐饮行业发展迅速

民以食为天，饮食在人们的生活中占据着非常重要的地位。近几年来，餐饮行业一直保持着突飞猛进的发展状态。据国家统计局的统计数据，2019年中国餐饮收入突破4万亿元，达到了42176亿元，同比增长9.5%，破万亿时间越来越短。2021年中国餐饮收入则高达52794亿元，目前中国餐饮业仅次于美国餐饮业，规模居世界第二位。

餐饮市场的高速发展，也带来了消费方式的改变，传统的入店消费，涉及场地、资金以及时间因素，无法满足城市白领尤其是上班一族的需求，加之城市懒人经济的兴起，他们迫切需要一种更加便捷，更加节约时间的消费形式，一些商家看到这块消费市场，推出了订餐外送服务，消费者一个电话，即送餐上门，满足了双方所需。随着互联网经济的发展，外卖平台如美团、饿了么、百度外卖、淘点点等兴起，在起步阶段，它们通过强大的资金实力，给予餐饮商家不同程度的优惠政策和宣传条件以吸引其入驻平台，并通过首单免费、消费返券等各种优惠活动，迅速集聚了人气，这种新型消费方式很好地满足了店家、消费者及平台的需求，很受城市打工者、上班一族及某些不愿生火做饭家庭的需要，导致送餐外包业发展迅速。据统计，2021年餐饮外卖市场规模将突破6600亿元，占餐饮消费的13%，且有增大之势。①

---

① 以上参见《〈中国外卖产业调查研究报告〉报告荐读》，https://www.sohu.com/a/366163094_719772。

2. 电子商务的发展

外卖的产生是技术进步的产物，电子商务的出现是外卖发展必不可少的关键一环。传统的一手交钱一手交货的消费方式，随着电子商务的出现加速了双方的分离，正是电子商务基于双方信任的特点，促进了外卖市场的形成与发展。

不同的机构和不同的组织对电子商务有不同的定义，通俗地讲，所谓电子商务，就是指系统化地利用电子工具，高效率低成本地从事以商品交换为中心的各种活动的全过程。也即买卖双方不谋面地进行各种商贸活动，实现消费者的网上购物、商户之间的网上交易和在线电子支付以及各种商务活动和相关的综合服务活动的一种新型的商业运营模式。

电子商务的基本模式分为 B2B、B2C、C2C、C2B、M2C、B2A（即B2G）、C2A（即C2G）等模式。B2B（Business to Business）是商家（泛指企业）对商家的电子商务，B2C（Business to Customer）是企业对个人的电子商务模式，C2C（Customer to Customer）则是个人对个人的交易模式。随着电子商务进一步发展需要，原有模式满足不了新形式的要求，一种新的 O2O 在已有模式基础上孕育而生。O2O 模式（Online to Offline）是指"线上到线下"的模式，即消费者在线支付，线下消费。新模式的出现，催生了大量的创业机会。尤其是近几年，涌现了大量的O2O 平台，促使 O2O 市场高速发展。在这种高速发展态势下，促进了外卖市场的高速发展。

与传统商务形式相比，电子商务具有以下优势。

（1）全球性。网络时代，地球成为一个村，无论你居于地球何种角落，只要能够上网，都能成为交易对象，成功实现交易。

（2）快捷性。电子商务能在世界各地瞬间完成传递，依靠计算机自动处理，无须人员干预，加快了交易速度。

（3）虚拟化。电子商务交易中，双方从开始洽谈、签约到订货、支付等，无须当面进行，均通过计算机互联网络完成，整个交易完全虚拟化。

（4）低成本。由于通过网络进行商务活动，信息成本低，可节省交通费，且减少了中介费用，整个活动成本将大大降低。

（5）透明化。电子商务中双方的洽谈、签约，以及货款的支付、交货的通知等整个交易过程都在电子屏幕上显示，因此显得比较透明。

（6）效率性。电子商务将传统的商务流程电子化、数字化，一方面以电子流代替了实物流，可以大量减少人力、物力，降低成本；另一方面突破了时间和空间的限制，使得交易活动可以在任何时间、任何地点进行，从而大大提高了效率。

（7）规范性。电子商务的操作要求均按统一的标准进行，否则就无法完成交易。

（8）竞争性。电子商务使企业可以以相近的成本进入全球电子化市场，使得中小企业有可能拥有和大企业一样的信息资源，提高了中小企业的竞争能力。

当然，作为一种新型业态，电子商务在交易中也存在缺点。

（1）一定的技术性。电子商务既需要一定的技术设备、一定的信息环境，也需要一定的技术能力，不像传统交易那样，只要能说会算就可完成交易。

（2）缺乏安全性。电子商务借助网络进行，并非面对面进行实物交易，从而存在一定的交易安全风险。

（3）交易的繁杂性。网络信息为交易提供了便利，但海量交易信息也增加了用户的选择成本，而单纯依靠搜索引擎，往往存在被误导、被诱骗的可能，这种局面反而增加了用户的选择时间。

（4）商品的虚假性。传统交易讲究眼见为实，而电子商务基于信用完成交易，交易的虚拟性强，而目前整个社会的信用环境并不完好，互联网上买到假冒伪劣产品的机会相较现实交易会更多。

（5）易受黑客攻击。在开放的网络上处理交易，如何保证传输数据的安全成为电子商务能否普及的最重要的因素之一。然而黑客的存在增加了这种风险，其对交易的打击是致命的，不仅导致交易失败，而且交易双方也会因个人身份信息尤其是银行卡等证件信息的泄露而蒙受重大损失。

（6）国家税金的大量流失。由于交易基于个人便可完成，脱离了国家监管，而现阶段国人普遍缺乏主动纳税意识，从而导致国家税收大量流失，富了个人、亏了国家的现象广泛存在。

（7）配送成为难题。电子商务通过网络完成交易，但最终交易成功还得依靠线下的物流配送，我国目前缺乏系统化、专业化、全国性的货物配送企业，没有形成一套高效、完备的配送管理系统，尤其是面对农村地广人稀的现实环境，"最后一公里"的配送短板影响交易的成功率。

互联网餐饮外送服务第一次在我国出现是在 1999 年，Sherpa's 的成立，填补了我国外卖市场的空白，但现在知道它的人很少。饿了么成立于 2009 年 4 月，10 月日均单就破 1000 单，2011 年 12 月日均单突破 10000 单，2012 年 12 月日平均交易额高达 300 万。这令人震惊的发展速度进一步刺激了互联网巨头企业加入。如美团于 2013 年 11 月推出美团外卖、阿里在 2013 年 12 月推出淘点点、百度 2014 年 5 月推出百度外卖等。各大平台为了抢夺市场，纷纷融资，以烧钱的方式吸引消费者。据了解，有些平台每个月补贴金额高达 1 亿美元，有个别接近 2 亿美元。由此可见，行业竞争非常激烈。

3. 互联网经济的发展

2014 年 11 月，李克强出席首届世界互联网大会时指出，互联网是大众创业、万众创新的新工具。在政策推动下，市场"互联网+"转型升级速度加快，我国共享经济快速成长，平台数量持续上升，创造了大量的灵活就业机会，而在平台就业劳动者中，外卖员群体是其中重要且特殊的一部分群体。我国推动外卖 O2O 行业发展政策具体总结为以下两点：一是大力发展外卖送餐服务，鼓励服务方式创新，具体表现为，大力发展社区餐饮、外卖送餐服务，满足社区居民、办公集聚区工薪阶层的餐饮需求；鼓励餐饮企业服务模式创新，线上线下相结合。二是建立完善服务流程，构建标准化服务，具体表现为，提供外卖服务的餐饮经营者，应当建立健全相应的服务流程，并明示提供外送服务的时间、外送范围以及收费标准，对餐饮配送提出准确准时、交通管制等要求。

此外，技术的持续进步成为互联网经济发展的新引擎。2021 年 2 月 3 日，CNNIC 第 47 次《中国互联网络发展状况统计报告》数据显示，截至 2020 年 12 月，我国网民规模为 9.89 亿，互联网普及率达 70.4%，较 2020 年 3 月提升 5.9 个百分点。其中，农村网民规模为 3.09 亿，较 2020 年 3 月增长 5471 万；农村地区互联网普及率为 55.9%，较 2020 年 3 月提升 9.7 个百分点。截至 2020 年 12 月，我国网络支付用户规模达 8.54 亿，较 2020 年 3 月增长 8636 万，占网民整体的 86.4%。网络支付通过聚合供应链服务，辅助商户精准推送信息，助力我国中小企业数字化转型，推动数字经济发展。另外，4G 网络、出行导航服务、O2O 技术、移动支付等技术的发展使得移动互联网生态日益完善。①

2021 年 9 月 26 日，中国网络空间研究院在浙江乌镇连续第五年发布《世界互联网发展报告 2021》和《中国互联网发展报告 2021》，《中国互联网发展报告 2021》指出，2020 年中国数字经济规模达到 39.2 万亿元，占 GDP 比重达 38.6%，保持 9.7% 的高位增长速度，成为稳定经

---

① 《CNNIC 发布第 47 次〈中国互联网络发展状况统计报告〉》，http://www.cac.gov.cn/2021-02/03/c_1613923422728645.htm。

济增长的关键动力，不断催生新产业新业态新模式，向全球高端产业链迈进；产业数字化进程持续加快，规模达到 31.7 万亿元，工业、农业、服务业数字化水平不断提升。2020 年，中国电子商务交易额达到 37.21 万亿元，同比增长 4.5%；电子商务服务业营业收入规模达到 5.45 万亿元，同比增长 21.9%。同时，数字经济的蓬勃发展促进了新增市场主体的快速增长，创造了大量的就业岗位，成为保就业、保民生、保市场主体的重要渠道。随着人们生活节奏加快，便利需求增加，人们往往会越来越多地选用外卖餐食。这些原因促进了互联网食品行业的发展，中国在线外卖市场规模每年保持两位数的扩张速度。①

4. 外卖平台的大量产生及优胜劣汰

正是基于外卖市场的飞速发展，一些商家看中了外卖平台进入门槛低的优势及吸金效应，纷纷投资兴建外卖平台，导致我国外卖平台大量产生。为了吸引用户，各外卖平台展开激烈竞争，从千团大战到美团的登顶，从美团合并大众点评到饿了么正式归入阿里的版图，餐饮外卖的市场，总是和血战联系在一起，而消费者则坐收渔利，享受外卖平台提供的更好的服务及更高的优惠。

在外卖平台上，一度形成了百度外卖、美团外卖及饿了么三家各自争雄的局面。

成立于 2004 年的百度外卖，一度风光无限。与饿了么和美团不同，百度采取品牌差异化战略，一开始就主打高端市场，因此在短时间内成为餐饮外卖行业里的黑马，占据了极大的市场份额。2015 年，百度外卖覆盖全国 100 多个大中城市，平台注册用户量达到 3000 多万，牢牢占据白领外卖市场榜首的位置。

---

① 《中国互联网发展报告 2021》，https://www.163.com/dy/article/GKUDADBM0514C9UO.html。

但是好景不长。2017 年，饿了么收购百度外卖。这一年的餐饮外卖市场，竞争极为激烈，靠着烧钱补贴的经营模式，几乎所有的餐饮外卖公司都不赚钱。此外，美团与饿了么两大巨头，背靠阿里、腾讯两棵大树，不断烧钱抢占市场份额，占据的市场份额越来越大。

而美团和饿了么到底哪家是餐饮外卖行业的老大，现在还没有人能说得清楚，双方资金实力雄厚，平静的餐饮市场下双方仍是交手不断，而中小外卖平台只能在巨头的激烈角逐中苦苦挣扎。

外卖业两大巨头

如今，伴随着百度外卖全面退出历史舞台，三方割据的形势已不复存在，一线市场形成了美团和饿了么两家独大的态势。但二三线市场由于开发难度增大，且市场前景不明，一些中小外卖平台仍占有一定的市场。

二、外卖小哥从业情况①

外卖平台的发展，订餐数量的增多，最终要通过配送人员将餐品

---

① 本小节参考"城市新青年—赢未来"公益调研活动及饿了么公司发布的《2018 外卖骑手群体洞察报告》的相关内容。

送达消费者手中。良好的配送是外卖行业健康发展的关键。资料统计，目前外卖小哥总数超 1000 万人，其中美团及饿了么由于处于绝对垄断位置，其配送员占整个配送员数量的 80% 以上。

2018 年 5 月 4 日，美团点评与中国发展研究基金会共同发起"城市新青年—赢未来"公益调研活动。之后不久，12 月 29 日，阿里本地生活服务公司旗下饿了么蜂鸟配送发布《2018 外卖骑手群体洞察报告》，两大外卖巨头就各自的配送员相关从业情况进行了汇报，认为外卖骑手群体是一群努力学习提升自我，努力拼搏承担责任，努力奋斗实现梦想的现代服务业劳动者们，是新青年的典型代表。从它们的报告中，我们可为这群城市最熟悉的陌生人画像。

1. 70% 以上骑手来自农村，近 20% 为大学生

从事外卖业需要以强大的体力来支撑，因此外卖业以年轻人居多，骑手平均年龄约 29 岁，70% 以上来自农村，95 后占比已超过 20%。外卖骑手的学历主要集中在高中、职校和中专。近 20% 骑手为大学本科或专科生。

2. 平均每天送单数量为 48 单

骑手平均每天配送 48 单，奔波近 150 公里，相当于横贯鸟巢体育馆近 460 次。骑手已经构成了本地生活的毛细血管，亦是连接商业与社区的纽带。由于对职业认同感的增加，63% 的骑手推荐过亲朋好友加入这个行业，目前只有 30% 左右的骑手认为外界对他们保持基本尊重，他们也期待获得城里人更多的尊重和理解。

3. 月薪过万不是梦想

自营骑手的收入最为可观，收入多在 6000～8000 元。众包骑手多采用灵活就业方式，骑手收入多在 4000 元以内，基本和从事其他工作收入相当。综合来看，骑手收入普遍超过全国城镇私营单位就业人员

月均薪资的 30% 以上，且由于就业方式灵活，结算方式快，当外卖小哥成为一些学历不高者的就业首选。全职"单王"骑手甚至月入三万。优质骑手能够自食其力、生活殷实，有些骑手实现了买车买房的人生梦想。

4. 80、90 后外卖骑手占比超 82%

外卖骑手大多来自河南、安徽、四川、江苏、广东等省份，近七成的骑手选择离开家乡在外地打拼，奋斗在一二线城市。从年龄来看，骑手多处在青年阶段，80、90 后为骑手群体的中坚力量，占比高达82%，将近一半人在目前的工作地居住了 9 年以上，深深地扎根在城市。

5. 外卖骑手是一群有担当的人

骑手普遍在工作地居住年限较长，本地经验丰富，为本地配送提供了必备技能，靠实力获得用户和商家的双重肯定和尊重。骑手群体中不乏努力上进并成材者，他们不断建立和完善知识结构，抓住机遇和整合资源实现持续的自我迭代。他们也是一群有爱心，有梦想，有担当的城市新青年。

他们乐于助人。23% 的骑手认为集体利益高于一切，71% 表示集体利益和个人利益同样重要。正是这样的核心价值观催生了众多的骑手正能量故事。他们正在用自己的实际行动积聚社会正能量，为我们诠释集体、乐助、担当。同时他们情系家乡，不忘乡邻，反哺家乡，孝敬父母，照顾家庭，通过自己的辛苦付出，不断提高家庭的生活品质，提升家人的幸福感和获得感，给孩子一个更好的明天。

监利外卖小哥救落水老人不幸遇难

楚天都市报极目新闻讯(记者黄志刚)昨日，湖北荆州监利市新沟镇交通村一名85岁老奶奶不慎落水，一名路过的外卖小哥见状，立即下河施救，两人均不幸遇难。

新沟镇党委副书记赵小华告诉极目新闻记者，当天下午2时30分左右，交通村村民张奶奶准备到村里的建新河舀水，由于年事已高，不慎滑落河中。落水后，张奶奶在水中拼命挣扎，并大声呼救。

正在附近送货的外卖小哥王静听到老人呼救后，赶紧骑车赶往位于建新河陈家垱的落水点。来不及考虑个人安危，王静沿着河堤的坡道，下水去救落水的老人。

赵小华说，由于建新河河道之前进行过清淤作业，靠近河堤的地方水深超过2米，再加上王静不会游泳，在救援张奶奶过程中，由于体力不支，自己也沉入水中。

事发后，有路过的村民赶紧拨打110报警，并向120求救。据当时参与抢救的监利市第三人民医院急诊科医生代东明介绍，当天下午2时50分许，他赶到现场看见，溺水的两人已被村民从水中捞起。通过现场各项抢救和检查，医护人员确认落水者已经失去生命体征。

代东明说，参与救援的医护人员没有放弃任何一丝抢救可能，一边对落水者进行除颤，一边紧急转运到医院急诊室。经过约40分钟的心肺复苏等高级别抢救后，医生最终确认，落水两人不幸遇难。

据介绍，外卖小哥王静今年32岁，家中有年近古稀的父母，妻子在镇上一家烤肉店上班，女儿今年刚好6岁。同事介绍，王静在平时送餐时热心快肠、待人和善，性格很好。

监利市外卖小哥王静勇救落水老奶奶却献出生命，感人事迹经极目新闻报道后，在全社会引发强烈反响。

监利市委宣传部、监利市委文明办表彰王静为"监利楷模"，共青团监利市委追授王静监利市"优秀青年"荣誉称号，监利市总工会追授王静监利市"最美职工"荣誉称号。

王静勇救落水老奶奶不幸牺牲的消息引发众多网友关注，许多网友留言，表达对英雄外卖小哥的痛惜和敬意。

"王静同志英勇救人的精神值得广大青年学习，我们将在青年群体中开展好宣传活动。"共青团监利市委书记董仕灿对极目新闻记者说。监利市蒲公英爱心协会也派代表来到王静的家中，决定将他的女儿纳入"蒲公英"助学项目，从小学至大学毕业每学期资助助学金2000元，同时尽快落实"一对一"志愿者帮扶结对。

"保险公司理赔员已经来收集了资料，赔付款将很快可以批下来。"当天，美团外卖相关负责人也专程来到王静家中，为其家属送上了除了保险赔付款外的首批关怀金，以及王静11月份的工资。该负责人表示，骑手送餐时都有相应的保险，事发后，公司已第一时间联系保险公司，请求保险公司为王静开启绿色通道进行特批处理，尽快将保险金赔付给家属。该负责人还表示将承担王静女儿的学费及生活费，直至她18岁。

涌动的爱心也让王静的家人感激不已。妻子廖云香说："我要为了他，把这个家给撑起来！"

12月3日，湖北省总工会追授王静"湖北五一劳动奖章"荣誉称号。湖北省总工会表示，王静见义勇为、奋不顾身、舍己救人的英雄壮举，生动诠释了新时代劳动者的价值追求和优秀品质，充分彰显了新业态从业人员爱岗敬业、勇于担当、甘于奉献的精神风貌和时代风采。

（节选自《楚天都市报》2021年11月27日、28日及12月4日报道）

　　2020 年，由于新型冠状肺炎病毒的肆虐，国内许多地方都按下了暂停键。此时许多外卖骑手担起了责任，将一单单外卖送到了用户手中，他们是抗疫一线的"逆行侠"。例如，在武汉市乃至湖北省和全国各地，平台骑手承担着部分医疗物资、医生餐食以及居民日常生活物资的配送工作。骑手们用不停滚动的车轮和完成配送后指尖划过手机后那潇洒的"已送达"，共同筑就了城市民众日常生活的坚实防线。

　　2021 年 3 月 19 日，美团研究院发布《2019 年及 2020 年疫情期间美团骑手就业报告》，该报告显示，2019 年，通过该平台获得收入的骑手总数约 398.7 万人。河南籍骑手是该公司外卖小哥的主力方阵之一，分落在国内各个城市，这包括那些奔袭在武汉战疫一线的"逆行者"。

无接触配送正在许多城市流行

自疫情发生以来，众多小哥穿梭在寒冷的城市街头，不仅为一个个家庭、防疫值守者、医疗机构等准时送达餐食，更是向公众传递着温暖和安全感。

此外，为了抗击疫情，让宅家防疫民众安心消费，美团充分发挥线上线下融合、科技、数据等方面的优势，率先推出"无接触配送"新模式，发布"无接触配送"服务标准，为服务消费注入了新的内涵。由此，"无接触配送"得到了各行各业的积极响应，并在不同应用场景中催生出"无接触团餐""无接触自提""无接触餐厅""无接触安心送"等多重新服务模式。

三、外卖配送形式及人员组成

（一）外卖配送平台出现的意义

在传统饮食行业中，只有商家和买家两个主体，尽管流程较少，买卖双方交易迅速，但也容易出现问题，如商家在消费高峰期，没有时间处理客户的要求及意见，更无法抽出手来安排人员进行配送，而买家与商家存在矛盾或沟通问题时，也缺乏第三者的调节空间，投诉平台也没有，出现客诉纠纷问题无人从中判责协调。

外卖平台的出现则可以较好地解决以上的问题，专业人做专业事，商家要扩大销售，加强推广，而自己专业技能缺乏，有心无力；消费者想有更多的消费体验，可没人提供这个机会；外卖平台充分考虑商家与顾客的需求，既提供了一个商品集中展示区，同时还提供运营上的扶持，包括活动补贴、店铺排名以及活动推广等手段。同时，外卖平台也充当了一个客服中心，对各种异常情况进行处理，对商家来说，这样极大地节省了时间和人力成本，可以安心保证供应和品质，而对买家来说，有一个集中的渠道可以反馈订单的各种情况，消费也更放心。这种间接消费形式，满足了双方的利益，因此得以推广开来。

（二）配送形式

平台作为消费中介，仅提供双方一个线上消费机会，欲将餐品送到顾客手中，离不开线下数量庞大的配送人员送餐上门，这样通过点单、抢单、送单、到单、签单，整个消费流程才算结束。

各外卖平台都拥有数量庞大的配送人员，如美团的美团配送，饿了么的蜂鸟配送，其人员组成如下。

1. 卖家自送骑手

这种配送，是卖家自己雇用员工负责配送，平台只负责宣传推广。卖家接到平台（也可以自建平台）的客户点单后，自己负责生产，自己派专人派送。由于要专门养一帮人配送，经营成本大增，需要商家经营规模够大，餐品受众面广，且口碑好，有很大的点餐量，且餐品需要维持较高的利润率，否则就难以维持生存。目前一些知名酒店或国际知名连锁快餐店多采用这种形式，如肯德基快送等。

2. 外卖平台骑手

外卖平台一般都有自己的配送员，这些配送员又分为两种，一种是外卖平台专送骑手，一种是外卖平台的众包骑手。

（1）专送骑手

平台专送骑手又称平台自营骑手，是指配有专业的配送装置，有专业人士指导，并有社会保险保障的平台内部员工。平台专送骑手相较于其他用工形式的送餐员，有更严格的管理且对送餐质量的要求也更高。这类人由外卖平台负责招聘、培训及管理，与这些人签订劳动合同，平台为其缴纳五险一金。这批人招聘手续健全、正规，员工忠诚度高，但由于用工成本较高，目前各平台专职外卖员并不多。

（2）众包骑手

众包骑手即平台把骑手工作向大众外包，把本属于平台的配送工作外包于社会不特定的骑手。众包骑手相当于平台兼职外卖人员。这类人员不用平台招聘，只需通过平台申请，提供身份证、健康证明等基本信息资料即可抢单配送，每单提成，工资日结或周结，用工方式灵活，骑手数量众多。这种模式下的骑手一般实行抢单制，由餐厅派单，众包骑手通过平台进行抢单。众包的配送范围也大于专送骑手，配送依距离收费，距离与收费成正比。外卖平台一般声明自己与众包骑手之间的关系是信息服务居间关系而非劳动关系，餐厅则更不认可自己与众包骑手之间存在劳动关系。由于没有严格的招工手续，且没有签订劳动合同，一旦出现纠纷，骑手往往难以维权。而平台也无法对这些兼职人员有很强的约束力，众包人员配送中不负责行为现象突出。

从以上两种平台用工形式可以看出，直营配送人员才是各平台的"亲儿子"。之所以有这样的区分是因为众包业务更多地是用来阻击竞争对手，而直营配送才是各平台希望用来盈利的工具。通常情况下，平台会为直营配送人员进行统一的人员招募和培训，以保证足够的运力和服务质量。

直营配送与众包配送区别很大，下面以某外卖平台送餐员专送（全职）和众包（兼职）有什么区别来进行说明。

综合来看，前者是全职，后者是兼职，区别在于天天上班和随时兼职。

其一，专送人员属于公司内部员工，有专人管理，有规定的上下班时间，而众包人员则是个人注册的，没有专人管理，7×24小时想什么时候送就什么时候送，想什么时候走就什么时候走。

其二，专送人员每单提成基本固定，比如5+2，也就是每单5元钱，好评另外加 2 元，也就是最高 7 元，这个提成与距离远近没有关系，送 500 米和送 3 公里，提成都是 5+2，而众包人员是根据距离远近来算提成的，有 5 元的、8 元的、10 元的等。

其三，专送人员一般都是系统派单，系统会自动识别专送人员在哪儿，附近有什么单子，顺路的单子派给你，比较人性化，顺路单效率也比较高，而众包人员需要自己去抢单，这样就需求骑手一直不停地盯着手机看，哪怕是在骑车时，这样就会产生交通危险。

其四，专送人员是公司直管的，薪资自然是月结，而众包人员可以随时提现，随时走人。

其五，专送人员送餐一般在 3 公里以内，而众包骑手则没有区域限制，一般远距离都由他们派送，当然远距离配送提成会略高些。

3. 外包骑手

外包骑手为与外卖平台合作的代理商配送员。这种情况一般是外卖平台刚进入某市场时，由于时间精力不够，无法马上招聘一批配送人员，为补充自身专送人力不足，于是选择与当地的配送"地头蛇"合作。这种合作也分为两种方式：一种是外卖平台将一定区域内的所有平台订单配送工作整体发包给代理商，由该代理商自行组建配送团队，并对配送人员进行管理，支付工资，承担用工主体责任。另一种是劳务派遣。由劳务派遣公司与配送员签订劳动合同，再以劳务派遣的用工形式将其派到外卖平台工作，双方是一种劳务关系。外卖平台借此可有效规避法律风险，降低用工成本。

由以上可知，目前外卖平台按人员隶属性质来说，实际上分为两种形式，即平台直招人员及平台兼职人员。平台直招人员接受公司培训及管理，严格按公司规章办事，入职前需参加培训，入职后每天早上到公司开会，接受公司关于工装整齐度、送餐箱卫生等检查，遵守公司考勤管理制度，工作时间必须在线，工作服、头盔、送餐箱等装备均有外卖平台标识，接受相应的奖惩措施，不上班需请假报备，并由平台对其服务质量进行考核，根据配送订单数量每月按时向其发放报酬。而兼职人员(众包、外包人员等)则管理松散，并不隶属于外卖平台，是外卖平台的兼职人员或临时人员，一旦平台完成升级换档或经营转型，则这些人员遭到平台淘汰。

这种形式的好处和坏处显而易见，众包的形式用工灵活，兼职者喜欢，平台也能保证运力充沛，因此总的来说，商家和买家以及外卖员的要求都可以得到满足，但是一旦处于极端情况，比如说恶劣天气、春节长假，人员就会严重不足，运力无法保证，配送时效就会受到影响。另外，兼职人员鱼龙混杂，很多人员并未经过系统的培训就开始服务，很难保证服务质量。随着外卖平台的重新洗牌，目前一些头部外卖平台加大了直招比例，比如美团一方面拟将直招比例扩大到一半甚至高达70%，另一方面是加大对众包人员的考核，优胜劣汰，优秀者转为直营人员，将不合格的众包人员列入黑名单，永远不再录用他们。

另外，这种用工形式也存在较大的法律风险，专送骑手与平台形成事实劳动关系，依法享有劳动法与社会保障法上的各项权利。骑手可根据平台规定的固定时长自由选择工作时间，但工作的时间总长受我国劳动法的调整。而外包骑手或众包骑手是由外包公司自行招募，或是平台兼职人员，平台宣称与他们建立的是劳务关系，或信息服务居间关系，不是劳动关系，以此逃避严格的劳动法的规制，餐厅则更不认可自己与众包骑手之间存在劳动关系，一旦众包骑手与平台之间出现法律纠纷或在送单途中出现交通等意外事故，则很难得到公司赔偿或法律援助。而我国目前尚缺乏对这类灵活就业人员的专门保障法规或法律。鉴于外卖人员数量大、年龄低，意外风险高，建议法律要尽快明确这类群体的法律身份和合法地位。

总之，经过多年的发展，我国外卖产业形成了以美团外卖、饿了么为代表的综合性互联网餐饮服务平台和以肯德基、必胜客宅急送为代表的垂直型餐饮企业两大类，其中，垂直型餐饮企业外卖的体量尚小，落后于综合性互联网餐饮服务平台。

随着智能配送系统的加持，我国外卖产业的即时配送能力不断提高，外卖的服务场景由餐饮拓展至生活超市、生鲜果蔬、医药健康、鲜花绿植等多个品类。餐饮和非餐饮品类在外卖消费场景上呈现出一定的差异性。从外卖整体品类来看，住宅区仍然是第一大消费场景，2021 年上半年在所有场景中的订单占比为 49.7%，其次为写字楼、学校、酒店、商铺。一线和二线城市是外卖的主力消费市场，北上广深领跑全国，三线及以下城市成为外卖产业的新增长点。①

四、外卖小哥收入情况

有人戏言，外卖小哥是高薪职业，收入远超城市白领。确实，成熟的外卖小哥月薪能过万，但大多数外卖小哥收入在 5000 元左右，同时还要面临平台的各种严苛管理及数目众多的罚款。此外，由于工作时间长，一般达 12 小时以上，这样算下来，外卖小哥的时薪并不高。由于以户外工作为主，交通意外事故难免，而各种劳动保障的缺失，导致外卖小哥出现意外时，无法从公司那里得到相应的补偿，外卖小哥这碗饭还真不是一般人能吃的。

关于外卖小哥的收入，通常来说，专职人员收入由底薪及提成两部分组成，完成一定的接单任务后，按单提成，每单提成价格一般为 5 元左右，或采取阶梯形式定价，如单总计超过 300 单，则每单提成涨为 6 元，超过 400 单，则每单提成涨为 7 元，送得越多，每单提成越

---

① 参见《〈中国外卖产业调查研究报告〉报告荐读》，https://www.sohu.com/a/366163094_719772。

高。另外，偏僻或超过 5 公里地带，以及晚上 8 时以后派单每单提成额外增加一二元。

对于平台自营人员，平台一般包固定话费，为他们交意外保险，提供电动车及工作服、保温箱等服务。他们一般固定时间为 8 小时。众包人员则一般没有底薪，收入完全靠接单提成，相比专职人员，同等条件下其每单提成稍高一二元，但公司不负责其他福利。前者为月结，后者则采取日结或周结形式。

外卖平台还出台了各种处罚措施，一旦送餐时间超时，或遭受客户差评，外卖小哥一般要扣款 50 元以上，本趟基本白送。如果遭受客户投诉，查证属实，则罚款 200 元以上。当然，如果收到一定数量的好评，平台会给予奖励或每单提成增加。为多挣钱，外卖小哥一般服务态度较好，送餐准时，希望客户多给自己好评，他们最怕客户的差评尤其是投诉。由于关系自身切身利益，许多外卖小哥在收到客户差评或投诉后，在弄清楚是自身的原因后，都能及时予以改进，对于不属自身的原因，则与客户或公司据理力争，有的外卖员还恼羞成怒，与客户发生争执乃至大打出手、持刀杀人事件也偶有发生。

以下是一位骑手对自己收入的满意情况：

外卖送餐员送一单提成多少钱？
外卖送餐员现状分析揭秘

在现在的一些城市中，出现了一道特殊的身影，那就是外卖送餐员，如今外卖的需求量增加，让外卖小哥这个职业也成为了热门职业，那么外卖送餐员送一单提成多少钱？

外卖送餐员送一单提成多少钱？

在北京的街头巷尾，不分时段，几乎随时都能看到骑着电动车送外卖的小哥们的身影，送餐平台的遍地开花为在这个城市谋生存的打工者们送来了充沛的工作机会，但随着竞争的日益加剧，送餐似乎也不像以前那么好干了。

"不是迫不得已千万别来干这行，"郭永家说，"我都快40岁了，不像小伙子们跑得动了。"顿了顿，他又说："小伙子干这行挺可惜的。"

郭永家之前是一名洗车工，4年前在同乡的鼓励下当起了送餐员。之前，他在一家第三方物流公司送同城快件，外卖是午餐、晚餐高峰时段也会接的生意。一般是顾客直接打电话给饭店，饭店里外卖员不够用或天气情况不好时，会出高价联系第三方物流帮忙送外卖。但郭永家发现，随着几大外卖平台发展得越来越好，同城快件这种方式渐渐式微了。看到外卖平台送餐的生意越来越多，自己的生意越来越少，他终于来到外卖平台，当上了一名送餐员。

"是我想得太简单了，"郭永家说，在老乡的介绍下，他被安排在了方庄站点，这个站点有30多人，"一开始因为路不熟，我经常不能在规定时间内送到。"按照平台的规定，从顾客下单到送达，只给餐厅和外卖员一共40分钟的时间，一旦超时，便要被罚款。"就那么点钱，还不够罚的！"

据他透露，自己的底薪是3000元，一月按照28天计算考勤，平均每天107元，也就是说，如果一个月上班的时间不足28天，便会按照每天107元被扣钱。此外，还有接单的提成，规定为200单以内，按照每单2元的价格提成；满200单的部分每单提成4元，满400单提6元等，以此类推，最多不超过每单提成10元。他表示，目前自己每个月能接300多单，一个月大约能赚4000元，并且平台不包吃包住，除去这些必要开销，每月根本攒不了多少钱。

"4000多元跟我们的辛苦程度比，真的不算多，这行越来越不好干了，"他表示，公司实行抢单制，如果附近商户有订单，会推送到送餐员的系统中，自己看着合适的话就迅速抢单。大约一年以前，郭永家和自己的同事一天能轻松抢到五六百个订单，在合理安排路线的情况下，薪资差不多是现在的两倍。后来，公司人越来越多，单子越来越难抢，尤其是淡季。虽然他已经总结出一套送餐的规律，比如哪里订单多，应当如何蹲守，送餐路线的规划，送餐和抢单的时间安排等"技巧"，但单子依然不像以前那么多。

他表示，现在公司已经不缺人了。"从对待招聘的态度就能看出来，我当时就是老乡介绍的，因为介绍有奖励。"郭永家告诉记者，今年2月，介绍一位老乡或朋友来做外送员，公司会给300~500元的奖励。随后逐渐取消了奖励，如今则基本不招人了。目前，他所在的站点不到30名外送员。

他说自己年龄也不小了，"感觉有些跑不动了"，然而他也不愿再找其他工作。

外卖送餐员现状分析揭秘

会骑电动车，会用智能手机

"嘀嘀嘀"，随着一阵手机铃声响起，王鑫捷马上拿起手机开始抢单。今年开春后，王鑫捷给自己找了个新工作——外卖送餐员。一个月来，他逐渐适应了这个新工作。

每天早上10点左右，王鑫捷的外卖平台上各种外卖单扑面而来，他要做的是去抢接外卖单，抢到以后，便骑着电动车到指定的地方去取外卖，然后将它们送到顾客手里。

眼下美团外卖等订餐APP正成为许多市民手机里的必备应用

程序，网上订餐人数增多，外卖平台订餐需求量随之增大，也催生了外卖送餐员的职业需求。

"底薪 3800 元左右，一个月完成 600 单的外卖单量后就可以拿到 6 元一笔的外卖接单钱。"王鑫捷告诉记者，"刚开始比较陌生，所以送单量不多，一天大概送 20 单左右，现在熟门熟路之后，一天能送出 30 多单。"

比快递员收入高，但压力不小

在一家外卖公司配送站的招聘介绍上，记者看到对于送餐员的要求并不高：工作时要穿工作服，会骑电动车，会用智能手机，年龄最好在 45 岁以下。送餐员的主要工作是在合作餐饮点附近两公里内送餐，工作时间是每天上午 10 点到晚上 8 点，中间还能休息三四个小时，有时薪资比快递员还高，"通常一个骑手的月收入在四千元左右，但是一个熟练的骑手，一个月的工资能达到六七千。"王鑫捷告诉记者。

不过，外卖送餐员的压力也不小。在城区从事骑手工作半年多的徐师傅告诉记者，自己做过快递员，知道骑手的收入比快递员高，但是工作的压力相对更大。

徐师傅说，骑手每天送餐次数的极限差不多在 30 单左右，算下来大部分时间都在路上度过，而且往往别人的吃饭时间，正是他们争分夺秒的黄金时间。"每天饿着肚子给别人送饭，而且风雨无阻，大部分时间都在路上买点零食吃。"徐师傅坦言。

此外，骑手拿着餐品飞奔是常有的事。"有时送慢了，饭菜变冷了，客户不理解，给个差评，这单就算白干了。"徐师傅深有感触地说，"我们最希望得到的是客户的理解和尊重。"

另外，记者在采访中也了解到，对于骑手来说，交通安全也是他们考虑的最大因素，因为他们的工作大多是在路上，再加上有时要赶时间，所以有时就会忽略路况信息。为此，绝大多数外卖公司都为骑手投了意外保险。

"互联网+餐饮"催热配送产业，送餐员市场需求大

"年前，我们这边的送餐员才20人，现在的队伍已经发展到一倍多，未来还需要扩大队伍。"中山东路上一家外卖公司配送站的负责人章先生告诉记者，现在外卖量在不断增加，"去年年底，日外卖量还只有几百单，今年日外卖量已突破千单，如果按照一个骑手平均每天送30单的量，那么骑手的缺口还差三分之一左右。更何况，这外卖量还在不断增加。"

业内人士表示，大部分外卖配送公司都是在去年发展起来的，而且发展迅速，大多处于招兵买马的状态。在一些招聘网站上，"送餐员""骑手"成了热搜词。记者查阅网上一家大型招聘网站信息，发现餐饮业招聘的送餐员人数不小，比如江东百丈东路上的一家配送站写着招收100人，在申请记录上记者看到，今年3月以来每天有三位申请者申请送餐员职位。

（节选自《北京青年报》《宁波晚报》等报道）

许多外卖员在长年的配送工作中，积累了相关的工作经验，有效提高了收入。

＊高峰时间不要乱抢单，无法及时送到就要遭客户差评。

＊尽量接不超过5公里距离的订单，路远的单尽量少接，保证多单而不是单价高。

＊选择熟悉的路线配送，不熟悉的订单不要轻易接，找路花费时间，常打电话问路费钱，而且客户也失去了耐性。

＊尽量避免给高楼客户送餐，尤其是上下楼高峰期。

＊尽量不给机关或管理严格的小区送餐，因为门难进，或者要进

等候送餐的骑手

行详细登记，浪费时间。

　　＊在送餐上门的时候一定要注意服务态度，语气态度可能会决定你这单是五星还是三星。

　　＊休息时间多研究路线，多研究附近小区，因为订餐者总是那些人，那些地方。

　　由此可见，任何行业都不容易，送餐也是一门技术活，头脑灵活、待人热情、善于总结经验者，挣钱自然比别人多。

五、外卖业存在的主要问题

　　餐饮外卖行业中存在的问题主要包括以下六个方面。

(一) 配送人员素质不均，配送质量难以把握

由以上分析可知，外卖人员分为专送人员及众包人员两种用工形式，专送人员算是外卖平台的正式工，管理较规范，而活跃于外卖平台更多的是众包人员，这些人鱼龙混杂，平台对其约束力较弱，他们只是将送餐作为临时性谋生的手段，配送质量难得保证，在具体工作中，跳单毁单情况屡见不鲜，而且一些外卖员素质低下，发生纠纷时，与客户大打出手者不少，甚至出现入室强奸、抢劫杀人等极端情况。

(二) 餐品质量如何全凭业界良心

由于是通过平台进行间接消费，消费者无法对菜品进行监督，具体菜品质量如何，只能依靠餐饮企业的良心了。在当前餐饮行业竞争激烈、菜品价格持续上升、行业利润持续下滑的情况下，一些无良餐饮企业采用不合格的食品材料、低质食材用品牟取暴利，而外卖平台与商家是利益共同体，即使发现商家不规范的地方，也会睁一只眼闭一只眼，而政府部门的市场监管部门也无法在短时间内对大量的商家进行全方位的监管检测。正因为这些漏洞，使得部分商家存在侥幸心理，不注意餐品质量，不注意餐品卫生，出现问题时一走了之，消费者徒叹奈何。

(三) 出现纠纷一般难得处理

一旦出现纠纷，顾客想投诉时，只能通过网上平台进行投诉，但平台仅是一个中介平台，对商家或配送人员不具有约束力，消费者的要求往往无法得到及时解决，或出现商家与平台互相推诿现象。而政府部门对这种新的就餐形式也缺乏相关的法律制度，或因缺乏人手、取证不便而选择性执法，导致配送问题多多。

(四) 行业垄断导致店大欺客

外卖配送业一度站在行业的风口，各路资本抢滩登陆，为抢占市场无所不用其极，激烈竞争之下，目前活下来的不过两三家，它们逐渐形成市场垄断地位。前期为占领市场，它们大肆烧钱，现在是收割韭菜的机会了，于是对消费者的各种优惠措施不再实行，并大幅提高了餐饮企业的配送佣金，有的平台佣金曾达到店家销售额的25%，一些餐饮商家无奈只能退出外卖平台，但更多餐饮商家因市场受制于平台，陷入左右为难境地。这种垄断局面的形成，从长期来看，对外卖行业及消费者极为不利。

(五) 评价机制易受人为控制

平台基于持续发展考虑，也对加盟的餐饮商家加大了考核力度，通过消费者的点餐率、好评率、退单率、投诉率等数据对商家进行考核，对排名靠前的商家实行佣金优惠或其他奖励，对排名靠后的商家进行处罚，或实行末位淘汰制。但平台限于人数，自身并不能派人实地调查，而是基于平台评价机制进行监控，属数字调查、关起门来搞调查。一些商家为此不将心思用在好好钻研菜品、提高服务上，而是钻考评的空子，通过点赞返单或第二单半价等手段，引诱消费者为其刷单，而一般消费者很难抵得住商家推出的各种针对性优惠措施，于是最终结果是那些投机取巧、偷工减料的商家获得了好评，而正规商家却因没有时间搞各种潜规则而考评数据不佳，导致外卖市场上出现劣币驱逐良币的现象。

(六) 餐饮外包装物污染严重

为了节约成本，许多餐饮外卖行业都是一次性大量采购固定餐盒，用其包装食物，但并不负责回收餐盒事宜，消费者吃完之后，随手丢弃餐盒是常态，此举既影响环境卫生，也加大了环卫工人的负担，尤其是那些难以回收利用的餐盒，既浪费了自然资源，又带来巨大的环境污染，严重影响人们的生活健康。目前我国尚未制定食品快餐包装相关条例，一些包装盒生产小厂为节省成本，不考虑环保需求，大量使用塑料类包装盒，而塑料类包装盒属于白色垃圾，在土地里不会腐烂也不会形成有机肥料，对环境造成严重污染且无法得到根治。因此，塑料治理一直成为我国重点关注对象。我国塑料类包装盒有 99% 不能够有效利用，而纸质类包装盒有 80% 的有效利用率，但许多餐饮商家从节约成本出发，不使用纸质包装，普遍使用塑料类包装。

（七）外卖小哥"夺命狂奔"导致交通事故不断

近年来，外卖小哥在送餐路上引发的各种交通事故不断，让交通警察非常头疼。某市交管部门曾作过统计，发现半年时间里竟然有 80 多名外卖小哥因交通事故被撞残撞死，相当于每 2.5 天就死伤一人。据外卖小哥反映，并非自己不懂交通规则，也不是认识不到交通安全的重要性，实在是"催命鬼"逼得你只能"夺命狂奔"。外卖小哥口里的"催命鬼"就是外卖平台推出的准点率，许多外卖平台规定，客户下单后，餐食最迟得在半小时内送达客户手中，可送餐路上有许多不确定因素，如商家出菜太慢、路况不好、交通高峰期、刮风下雨等，可外卖平台规定是硬性的，丝毫不考虑这些不确定因素，只要发现超时，则一律对外卖小哥予以罚款。一些客户也缺乏包容心，只要在规定时间里拿不到餐食，则给外卖小哥差评，一些难缠的客户还会向平台投诉，这样外卖小哥一下子要罚款 200 元，相当于一天白干了。重"罚"之下，必有"勇夫"，为了准时送达，外卖小哥只得在路上节省时间，与各种机动车拼车速，甚至抢道逆行，撞伤路人或者自己被小轿车撞翻等事故自然难免。许多小轿车司机最怕这些外卖小哥，称他们完全不讲交通规则，横冲直撞，视生命为儿戏。

◎小知识

道路通行及交通事故处理相关规定

第四章 道路通行规定

……

第三节 非机动车通行规定

第六十八条 非机动车通过有交通信号灯控制的交叉路口，应当按照下列规定通行：

（一）转弯的非机动车让直行的车辆、行人优先通行；

（二）遇有前方路口交通阻塞时，不得进入路口；

（三）向左转弯时，靠路口中心点的右侧转弯；

（四）遇有停止信号时，应当依次停在路口停止线以外，没有停止线的，停在路口以外；

（五）向右转弯遇有同方向前车正在等候放行信号时，在本车道内能够转弯的，可以通行；不能转弯的，依次等候。

第六十九条 非机动车通过没有交通信号灯控制也没有交通警察指挥的交叉路口，除应当遵守第六十八条第（一）项、第（二）项和第（三）项的规定外，还应当遵守下列规定：

（一）有交通标志、标线控制的，让优先通行的一方先行；

（二）没有交通标志、标线控制的，在路口外慢行或者停车瞭望，让右方道路的来车先行；

（三）相对方向行驶的右转弯的非机动车让左转弯的车辆先行。

第七十条 驾驶自行车、电动自行车、三轮车在路段上横过机动车道，应当下车推行，有人行横道或者行人过街设施的，应当从人行横道或者行人过街设施通过；没有人行横道、没有行人过街设施或者不便使用行人过街设施的，在确认安全后直行通过。

因非机动车道被占用无法在本车道内行驶的非机动车，可以在受阻的路段借用相邻的机动车道行驶，并在驶过被占用路段后迅速驶回非机动车道。机动车遇此情况应当减速让行。

第七十一条 非机动车载物，应当遵守下列规定：

（一）自行车、电动自行车、残疾人机动轮椅车载物，高度从地面起不得超过 1.5 米，宽度左右各不得超出车把 0.15 米，长度前端不得超出车轮，后端不得超出车身 0.3 米；

（二）三轮车、人力车载物，高度从地面起不得超过 2 米，宽度左右各不得超出车身 0.2 米，长度不得超出车身 1 米；

（三）畜力车载物，高度从地面起不得超过 2.5 米，宽度左右各不得超出车身 0.2 米，长度前端不得超出车辕，后端不得超出车身 1 米。

自行车载人的规定，由省、自治区、直辖市人民政府根据当地实际情况制定。

第七十二条 在道路上驾驶自行车、三轮车、电动自行车、残疾人机动轮椅车应当遵守下列规定：

（一）驾驶自行车、三轮车必须年满 12 周岁；

（二）驾驶电动自行车和残疾人机动轮椅车必须年满 16 周岁；

（三）不得醉酒驾驶；

（四）转弯前应当减速慢行，伸手示意，不得突然猛拐，超越前车时不得妨碍被超越的车辆行驶；

（五）不得牵引、攀扶车辆或者被其他车辆牵引，不得双手离把或者手中持物；

（六）不得扶身并行、互相追逐或者曲折竞驶；

（七）不得在道路上骑独轮自行车或者2人以上骑行的自行车；

（八）非下肢残疾的人不得驾驶残疾人机动轮椅车；

（九）自行车、三轮车不得加装动力装置；

（十）不得在道路上学习驾驶非机动车。

……

第五章 交通事故处理

第八十六条 机动车与机动车、机动车与非机动车在道路上发生未造成人身伤亡的交通事故，当事人对事实及成因无争议的，在记录交通事故的时间、地点、对方当事人的姓名和联系方式、机动车牌号、驾驶证号、保险凭证号、碰撞部位，并共同签名后，撤离现场，自行协商损害赔偿事宜。当事人对交通事故事实及成因有争议的，应当迅速报警。

第八十七条 非机动车与非机动车或者行人在道路上发生交通事故，未造成人身伤亡，且基本事实及成因清楚的，当事人应当先撤离现场，再自行协商处理损害赔偿事宜。当事人对交通事故事实及成因有争议的，应当迅速报警。

第八十八条 机动车发生交通事故，造成道路、供电、通信等设施损毁的，驾驶人应当报警等候处理，不得驶离。机动车可以移动的，应当将机动车移至不妨碍交通的地点。公安机关交通管理部门应当将事故有关情况通知有关部门。

第八十九条 公安机关交通管理部门或者交通警察接到交通事故报警，应当及时赶赴现场，对未造成人身伤亡，事实清楚，并且机动车可以移动的，应当在记录事故情况后责令当事人撤离现场，恢复交通。对拒不撤离现场的，予以强制撤离。

对属于前款规定情况的道路交通事故，交通警察可以适用简易程序处理，并当场出具事故认定书。当事人共同请求调解的，交通警察可以当场对损害赔偿争议进行调解。

对道路交通事故造成人员伤亡和财产损失需要勘验、检查现场的，公安机关交通管理部门应当按照勘查现场工作规范进行。现场勘查完毕，应当组织清理现场，恢复交通。

第九十条　投保机动车第三者责任强制保险的机动车发生交通事故，因抢救受伤人员需要保险公司支付抢救费用的，由公安机关交通管理部门通知保险公司。

抢救受伤人员需要道路交通事故救助基金垫付费用的，由公安机关交通管理部门通知道路交通事故社会救助基金管理机构。

第九十一条　公安机关交通管理部门应当根据交通事故当事人的行为对发生交通事故所起的作用以及过错的严重程度，确定当事人的责任。

第九十二条　发生交通事故后当事人逃逸的，逃逸的当事人承担全部责任。但是，有证据证明对方当事人也有过错的，可以减轻责任。

当事人故意破坏、伪造现场、毁灭证据的，承担全部责任。

第九十三条　公安机关交通管理部门对经过勘验、检查现场的交通事故应当在勘查现场之日起 10 日内制作交通事故认定书。对需要进行检验、鉴定的，应当在检验、鉴定结果确定之日起 5 日内制作交通事故认定书。

第九十四条　当事人对交通事故损害赔偿有争议，各方当事人一致请求公安机关交通管理部门调解的，应当在收到交通事故认定书之日起 10 日内提出书面调解申请。

对交通事故致死的，调解从办理丧葬事宜结束之日起开始；对交通事故致伤的，调解从治疗终结或者定残之日起开始；对交通事故造成财产损失的，调解从确定损失之日起开始。

　　第九十五条　公安机关交通管理部门调解交通事故损害赔偿争议的期限为 10 日。调解达成协议的，公安机关交通管理部门应当制作调解书送交各方当事人，调解书经各方当事人共同签字后生效；调解未达成协议的，公安机关交通管理部门应当制作调解终结书送交各方当事人。

　　交通事故损害赔偿项目和标准依照有关法律的规定执行。

　　第九十六条　对交通事故损害赔偿的争议，当事人向人民法院提起民事诉讼的，公安机关交通管理部门不再受理调解申请。

　　公安机关交通管理部门调解期间，当事人向人民法院提起民事诉讼的，调解终止。

　　第九十七条　车辆在道路以外发生交通事故，公安机关交通管理部门接到报案的，参照道路交通安全法和本条例的规定处理。

　　车辆、行人与火车发生的交通事故以及在渡口发生的交通事故，依照国家有关规定处理。

　　　　　　　　（节选自《中华人民共和国道路交通安全法实施条例》）

第三章
我国劳动者的劳动保障与权益保护

国家的生产建设离不开大量的人力，人力资源是一个国家最重要的资源，鉴于劳资矛盾天然存在，国家均出台劳动法律，通过强制力量保护本国劳动力，为劳动力规定最低工资标准，确定相关权益保护，为他们提供休养生息的机会。

劳动法是国家为了保护劳动者的合法权益，调整劳动关系，建立和维护适应社会主义市场经济的劳动制度，促进经济发展和社会进步，根据宪法而制定颁布的法律。我国《劳动法》于1994年7月5日经第八届全国人民代表大会常务委员会第八次会议通过，于1995年1月1日正式实施，之后随着社会的发展、大量新型企业的产生及新型劳动关系的变更，《劳动法》又经过了2009年及2018年两次大的修订，目前《劳动法》基本完善。

最新《劳动法》全文包括总则、促进就业、劳动合同和集体合同、工作时间和休息休假、工资、劳动安全卫生、女职工和未成年工特殊保护、职业培训、社会保险和福利、劳动争议、监督检查、法律责任、附则共十三章一百零七条。

　　当然，此处的《劳动法》是狭义劳动法，广义的劳动法则包括劳动法律、劳动行政法规、劳动行政规章、地方性劳动行政法规和规章，以及具有法律效力的其他规范性文件、劳动司法解释等。

　　由于劳动合同是劳动关系存在的基础，现实中一些企业为有效规避劳动法，借故不与劳动者签署劳动合同的行为大量存在，严重违反了劳动法，分割了劳动者的合法权利，为此，我国于 2007 年 6 月 29 日经第十届全国人民代表大会常务委员会第二十八次会议通过，正式出台了《劳动合同法》，于 2008 年 1 月 1 日起施行，之后经过 2018 年修订，新的《劳动合同法》进一步保障了劳动者的劳动权利。

　　《劳动法》与《劳动合同法》，是前法与后法、旧法与新法的关系，按照《立法法》"新法优于旧法"的原则，《劳动法》与《劳动合同法》不一致的地方，以《劳动合同法》为准；《劳动合同法》没有规定而《劳动法》有规定的，则适用《劳动法》的相关规定。

　　《劳动合同法》突出了以下内容：一是立法宗旨非常明确，就是为了保护劳动者的合法权益，强化劳动关系，构建和发展和谐稳定的劳动关系；二是解决目前比较突出的用人单位与劳动者不订立劳动合同的问题；三是解决合同短期化问题。

　　除《劳动法》《劳动合同法》外，我国为保障劳动者的合法权益，规范社会保险关系，维护公民参加社会保险和享受社会保险待遇的合法权益，使公民共享发展成果，促进社会和谐稳定，根据宪法规定，还制定了《社会保险法》，其中第二条明确规定，国家建立基本养老保险、基本医疗保险、工伤保险、失业保险、生育保险等社会保险制度，保障公民在年老、疾病、工伤、失业、生育等情况下依法从国家和社会获得物质帮助的权利。第三条规定，社会保险制度坚持广覆盖、保基本、多层次、可持续的方针，社会保险水平应当与经济社会发展水平相适应。第四条规定，中华人民共和国境内的用人单位和个人依法缴纳社会保险费，有权查询缴费记录、个人权益记录，要求社会保险经办机构提供社会保险咨询等相关服务。个人依法享受社会保险待遇，有权监督本单位为其缴费情况。

此外，为进一步保障劳动者居住条件，我国《住房公积金管理条例》第十五条规定，单位录用职工的，应当自录用之日起30日内到住房公积金管理中心办理缴存登记，并持住房公积金管理中心的审核文件，到受委托银行办理职工住房公积金账户的设立或者转移手续。

以上三部法律以及《住房公积金管理条例》，成为保护劳动者权益的重要法律。

一、劳动者权益

根据《劳动法》第三条规定，劳动者享有平等就业和选择职业的权利、取得劳动报酬的权利、休息休假的权利、获得劳动安全卫生保护的权利、接受职业技能培训的权利、享受社会保险和福利的权利、提请劳动争议处理的权利以及法律规定的其他劳动权利。

（1）享有平等就业和选择职业的权利。它是指具有劳动能力的公民，有获得职业的权利。劳动是人们生活的第一个基本条件，是创造物质财富和精神财富的源泉。劳动就业权是有劳动能力的公民获得参加社会劳动和切实保证按劳取酬的权利。公民的劳动就业权是公民享有其他各项权利的基础。如果公民的劳动就业权不能实现，其他一切权利也就失去了基础。

（2）有取得劳动报酬的权利。劳动报酬是指劳动者依照劳动法律关系，履行劳动义务，由用人单位根据按劳分配的原则及劳动力价值支付报酬的权利。一般情况下，劳动者一方只要在用人单位的安排下按照约定完成一定的工作量，劳动者就有权要求按劳动取得报酬。用人单位应当按月以货币形式支付给劳动者本人工资，不得无故拖欠或克扣工资。劳动者在法定节假日、婚丧假期间及社会活动期间也应当有权利取得工资。工资分配应当遵循按劳分配原则，实行同工同酬。用人单位支付劳动者的工资不得低于当地最低工资标准。

(3)有休息休假的权利。用人单位应保证劳动者每周至少休息一天，每日工作不应超过 8 小时，平均每周工作不应超过 44 小时。如果用人单位由于生产需要而延长工作时间，应与劳动者协商，每天最长不超过 3 小时，一月加班总时间不得超过 36 个小时。

(4)有获得劳动安全卫生保护的权利。劳动者有权要求单位提供安全的工作环境以及必要的劳动保护用品以保障本人的安全和健康的权利。其中对于 16 周岁到 18 周岁的未成年工、女工以及从事有毒有害、高温辐射、井下作业等特殊工种行业，要有特殊的劳动安全卫生保护。

这方面保护包括防止工伤事故和职业病。如果企业劳动保护工作欠缺，其后果不仅是某些权益的丧失，而且是劳动者健康和生命直接受到伤害。

(5)有接受职业技能培训的权利。我国宪法规定，公民有受教育的权利和义务。所谓受教育既包括受普通教育，也包括受职业教育。公民要实现自己的劳动权，必须拥有一定的职业技能，而要获得这些职业技能，越来越依赖于专门的职业培训。因此，劳动者若没有职业培训权利，那么劳动就业权利也就成为一句空话。

(6)有享受社会保险和福利的权利。疾病和年老是每一个劳动者都不可避免的，社会保险是劳动力再生产的一种客观需要。我国《劳动法》规定劳动保险包括：养老保险、医疗保险、工伤保险、失业保险、生育保险等。但目前我国的社会保险还存在一些问题，社会保险基金制度不健全，国家负担过重，社会保险的实施范围不广泛，发展不平衡，社会化程度低，影响劳动力的合理流动。

(7)有提请劳动争议处理的权利。劳动争议是指劳动关系当事人，因执行《劳动法》或履行集体合同和劳动合同的规定引起的争议。劳动关系当事人，作为劳动关系的主体，各自存在着不同的利益，双方不可避免地会产生分歧。用人单位与劳动者发生劳动争议，劳动者可以依法申请调解、仲裁、提起诉讼。劳动争议调解委员会由用人单位、工会和职工代表组成。劳动仲裁委员会由劳动行政部门的代表、同级工会、用人单位代表组成。解决劳动争议应该贯彻合法、公正、及时处理的原则。

(8)法律规定的其他权利。法律规定的其他权利包括：依法参加和组织工会的权利，依法享有参与民主管理的权利，劳动者依法享有参加社会义务劳动的权利，从事科学研究、技术革新、发明创造的权利，依法解除劳动合同的权利，对用人单位管理人员违章指挥、强令冒险作业有拒绝执行的权利，对危害生命安全和身体健康的行为有权提出批评、举报和控告的权利，对违反劳动法的行为进行监督的权利等。

(9)妇女享受平等就业的权利，以及特殊的劳动保护。

二、劳动者应履行的义务

(1) 努力完成劳动任务。

(2)遵守劳动纪律，维护用人单位的财产安全。

(3)提高职业技能，执行劳动安全卫生制度。

(4)遵守国家法律法规和城市管理条例。

(5)维护公共秩序，遵守社会公德。

(6)爱护公共财产，维护国家利益。

(7)依法纳税。

三、常见的侵犯劳动者合法权益的现象有哪些

从近些年的劳动争议案件来看，劳动者权益受到侵犯主要集中在以下几个方面：

（1）用人单位克扣或无故拖欠工资。

（2）强行加班加点，却不付给延长工作时间的工资报酬。

（3）用人单位没有为劳动者配备必要的劳动防护用具和劳动保护设施。

（4）女工和未成年工得不到特殊劳动保护。

（5）劳动者患职业病、因工受伤、致残甚至死亡后，用人单位逃避责任。

（6）用人单位的内部规章制度与国家法律法规相冲突。

（7）用人单位收取抵押金，扣押劳动者有效证件。

（8）随意辞退或开除劳动者等。

针对劳动权益受侵害情况，劳动者该如何避免这种行为的发生呢？

首先，要有法律意识，学会用法律来协调人与人之间的关系。劳动者尤其应该了解一些与务工密切相关的法律知识，例如《劳动法》《劳动合同法》等，这样才能清楚地了解劳动者应享有的权利和应承担的义务，用人单位侵犯务工者合法权益后应承担的法律责任，如何处理劳动争议等。

避免自己合法权益受到侵犯的另一个重要措施就是签订劳动合同。务工者应当按照劳动合同的必备条款与用人单位进行仔细协商，避免可能侵犯自己正当利益的条款，并兼顾双方利益。合同签订后要妥善保存，防止损坏和丢失。当自己的合法权益受到侵犯时，千万不能意气用事，也不要忍气吞声，要积极与用人单位协商解决问题，协商不

成再通过仲裁以及法律手段保护自己的正当权益。

四、劳动合同的签订

劳动合同是劳动者与用人单位之间为确定劳动关系，依法协商达成双方权利和义务的协议。它是建立劳动关系的基本形式，是促进劳动力资源合理配置的重要手段，有利于避免或减少劳动争议。

签订劳动合同是国家法律的强制要求，是明确劳动关系的基本前提，没有劳动合同的劳动关系是脆弱的，是经不起风浪考验的，一旦发生劳务纠纷，非常不利于问题解决。外卖小哥也是劳动者，应该享有与城镇劳动者相等的权益，可是实践中，网络平台真正与他们签订劳动合同的比例并不高，这就使外卖小哥在与用人单位发生劳动争议时，缺乏有利证据，不利于维护自身的合法权益。

（一）什么是劳动合同

劳动合同应当以书面形式订立，由用人单位和劳动者各执一份。

1. 劳动合同内容

《劳动合同法》第十条规定，建立劳动关系，应当订立书面劳动合同。已建立劳动关系，未同时订立书面劳动合同的，应当自用工之日起一个月内订立书面劳动合同。在劳动纠纷发生后，劳动者无论是通过行政救济还是司法救济手段去维护权益，劳动合同都是证明双方存在劳动关系的最重要证据，因此劳动者要积极主动地与用人单位签订劳动合同，同时也提醒用人单位一定要在法定期限内与劳动者签订劳动合同，否则将要受到法律的惩罚。

根据《劳动合同法》第十七条规定，劳动合同应包括以下内容：

（1）用人单位的名称、住所和法定代表人或者主要负责人；

（2）劳动者的姓名、住址和居民身份证或者其他有效身份证件号码；

（3）劳动合同期限；

（4）工作内容和工作地点；

（5）工作时间和休息休假；

（6）劳动报酬；

（7）社会保险；

（8）劳动保护、劳动条件和职业危害防护；

（9）法律、法规规定应当纳入劳动合同的其他事项。

劳动者在签订劳动合同时应注意以下几个方面：

（1）不入"黑工厂"；

（2）不用假身份证，入职时如使用假身份证，入职后要及时修改；

（3）不签订空白劳动合同；

（4）明确劳动岗位、报酬标准；

（5）空白处要划去；

（6）任何涉及要签名的文件均需要详细阅读，没看到、不清楚或不理解的内容要谨慎对待；

（7）劳动者签署过的合同应自己保留一份，针对现实中用人单位只与劳动者签订一份劳动合同且由单位保存的情况，劳动者应当采取比如复印、扫描、拍照等方式自己复制一份合同。

2. 劳动合同种类

按期限，劳动合同分为固定期限劳动合同、无固定期限劳动合同和以完成一定工作任务为期限的劳动合同三种。

固定期限劳动合同，是指用人单位与劳动者约定合同终止时间的劳动合同。

无固定期限劳动合同，是指用人单位与劳动者约定无确定终止时间的劳动合同。

以完成一定工作任务为期限的劳动合同，是指用人单位与劳动者约定以某项工作的完成为合同期限的劳动合同。用人单位与劳动者协商一致，可以订立以完成一定工作任务为期限的劳动合同。

《劳动合同法》第二十六条规定，下列劳动合同无效或部分无效：

(1)以欺诈、胁迫手段或乘人之危，使对方在违背真实意思的情况下订立或变更劳动合同的；

(2)用人单位免除自己的法定责任、排除劳动者权利的；

(3)违反法律、行政法规强制性规定的。

劳动合同中如有"工伤自负""工作期间不得结婚""未经批准不得辞职"等条款，都为无效条款。发生纠纷时用人单位仍应按法律规定负相关责任。

3. 劳动合同的解除

《劳动合同法实施条例》第十八条规定，有下列情形之一的，依照《劳动合同法》规定的条件、程序，劳动者可以与用人单位解除劳动合同：

(1)劳动者与用人单位协商一致的；

(2)劳动者提前30日以书面形式通知用人单位的；

(3)劳动者在试用期内提前3日通知用人单位的；

(4)用人单位未按照劳动合同约定提供劳动保护或劳动条件的；

(5)用人单位未及时足额支付劳动报酬的；

(6)用人单位未依法为劳动者缴纳社会保险费的；

(7)用人单位的规章制度违反法律、法规的规定，损害劳动者利益的；

(8)用人单位以欺诈、胁迫的手段或乘人之危，使劳动者在违背真实意思的情况下订立或变更劳动合同的；

（9）用人单位在劳动合同中免除自己的法定责任、排除劳动者权利的；

（10）用人单位违反法律、行政法规强制性规定的；

（11）用人单位以暴力、威胁或非法限制人身自由的手段强迫劳动者劳动的；

（12）用人单位违章指挥、强令冒险作业危及劳动者人身安全的；

（13）法律、行政法规规定劳动者可以解除劳动合同的其他情形。

4. 经济补偿金的支付

根据《劳动合同法》第四十六条的规定，有下列情形之一的，用人单位应当向劳动者支付经济补偿金：

（1）劳动者因用人单位未提供劳动保护条件、未足额支付工资、未依法缴纳社保等违法行为解除劳动合同的；

（2）用人单位向劳动者提出解除劳动合同并与劳动者协商一致；

（3）劳动者患病或非因工负伤，在规定的医疗期满后不能从事原工作，也不能从事由用人单位另行安排的工作的，用人单位提前三十日以书面形式通知劳动者本人或额外支付一个月工资后；

（4）劳动者不能胜任工作，经过培训或调整工作岗位，仍不能胜任工作的，单位提前三十日以书面形式通知劳动者本人或额外支付一个月工资后；

（5）劳动合同订立时所依据的客观情况发生重大变化，致使劳动合同无法履行，经用人单位与劳动者协商，未能就变更劳动合同内容达成协议的，单位提前三十日以书面形式通知劳动者本人或额外支付一个月工资后；

（6）用人单位依照企业破产法规定进行重整，需要裁减人员的；

（7）除用人单位维持或提高劳动合同约定条件续订劳动合同，劳动者不同意续订的外，因劳动合同期满终止固定期限劳动合同的；

（8）用人单位被吊销营业执照、责令关闭、撤销或者用人单位决定提前解散，以及用人单位被依法宣告破产而不能和劳动者继续履行劳动合同的；

（9）法律、行政法规规定的其他情形。

用人单位未能提前 30 日以书面形式通知劳动者解除劳动合同的，应当支付该劳动者 1 个月工资作为补偿，此又称代通知金。如果用人单位违反法律规定解除或者终止劳动合同，劳动者可要求用人单位以经济补偿标准的两倍支付赔偿金。

5. 经济补偿金的支付标准

根据《劳动合同法》第四十七条及《劳动合同法实施条例》第二十七条的规定，用人单位解除劳动合同给予劳动者的经济补偿的工资计算标准是企业在正常生产情况下，劳动者解除合同前 12 个月的月平均工资。经济补偿金按劳动者在本单位工作的年限，每满一年支付一个月工资的标准向劳动者支付；6 个月以上不满一年的，按一年计算；不满 6 个月的，向劳动者支付半个月工资的经济补偿。补偿金应当一次性发给劳动者。

6. 终止和解除劳动合同应履行什么手续

（1）用人单位应当在解除或者终止劳动合同时出具解除或者终止劳动合同的证明，于十五日内为劳动者办理档案和社会保险关系转移手续，并依照法律规定向劳动者支付经济补偿金。

（2）劳动者应当按照双方约定，遵循诚实信用的原则办理工作交接。劳动者对于在用人单位工作期间获知的用人单位的商业秘密，应在劳动合同终止后一定时期内继续保密。如果劳动者与用人单位签订了竞业限制条款，应当遵守约定。原用人单位作为对劳动者放弃部分就业权利的补偿，也应当依照约定向劳动者支付竞业限制补偿金。

7. 如何应对用人单位的无理解雇

(1)面临企业解雇，最好取得书面证据，例如解雇通知等。

(2)企业以员工存在工作过错为由提出解雇的，不要轻易签收该处罚或解雇通知，如果签收，应当在该通知单上注明该通知内容不是事实，或不同意字样，并设法保留该解雇通知。

(3)如被拒绝继续工作的，应当通过拍照、录音、摄像等方式保留相关证据。

(4)一旦面临无理解雇，应当保留好相关证据，并立即向劳动部门投诉。

(5)对于在用人单位工作的厂牌、合同、工资条、考勤记录等一定要妥善保存。

(6)如办理离职手续或交接手续的，要写明是被用人单位单方解雇，不能将离职原因写为辞职、离职，也不能不填写。

8. 在劳动合同中应怎样约定违约金

《劳动合同法》第二十二条、二十三条和二十五条规定，员工要求解除或终止劳动合同，仅两种情况要交违约金：一是在公司支付培训费用并约定了服务期限后，员工在约定的服务期内主动离职，应当赔偿违约金；二是在违反竞业限制责任时，员工也应该承担违约责任。

(二)签订劳动合同的重要意义

劳动者与用人单位签订劳动合同，具有相当重要的意义。

首先，它是劳动者实现劳动权的保障。劳动权是法律赋予劳动者的最基本的权利，它是劳动者一切具体劳动权利的基础。劳动者没有工作，就不可能享受劳动报酬权，不可能享受休息休假权，也不可能获得劳动安全卫生保护，甚至劳动权不能实现，会危及劳动者的生存。因此劳动权是公民生存权利的基础，劳动者作为新兴的劳动者当然也享有与其他劳动者相同的劳动权。

其次，劳动合同是劳动者维护自身合法权益的有力武器。在劳动合同中，劳动者与用人单位可以对有关事项进行详细而完备的约定，对于劳动条件、劳动报酬、社会保险、福利待遇等方面，在不低于国家法律规定的最低标准的情况下，尽可能做出有利于劳动者的约定，还可以约定违反劳动合同的责任。一旦用人单位违反劳动合同，劳动者就可以依据劳动法的规定、劳动合同的约定，请求司法救济或行政救济。

再次，订立书面劳动合同有利于维护用人单位的合法权益。市场经济下，劳动力作为商品进入劳动力市场，用人单位与劳动者经过双向选择，签订劳动合同。用人单位通过劳动合同的方式把自己所需要的劳动者吸纳到本单位，在合同约定的期限内劳动者必须为用人单位进行劳动。在这个过程中，用人单位为吸引优秀劳动者，通过提高报酬、待遇，甚至投资培训劳动者，因此，用人单位有必要，同时也有权利在劳动合同中约定由于对方违反法律规定或合同约定给自己造成损失时，劳动者一方应承担的责任，从而保护用人单位的合法权益。这些具体内容需要用人单位与劳动者在书面劳动合同中详细约定。劳动合同不仅是劳动者保护自身合法权益的有力武器，同时也是保护用人单位经济利益的法宝。劳动合同使用人单位与劳动者产生双赢，劳动者可以人尽其才，用人单位则可以物尽其用。劳动合同使劳动力与生产资料更紧密地结合在一起，使劳动生产率得以提高，在总体上促进了整个社会的进步。

最后，订立书面劳动合同可以减少或预防劳动争议的发生。劳动者与用人单位签订劳动合同后，双方的权利义务明确了，用人单位和劳动者都必须尽量履行义务，防止因违约而导致责任的发生，从而减少劳动争议的发生。即便发生纠纷，由于合同约定的权利义务明确，相关部门能够迅速地判断劳动争议的责任主体、责任构成，其争议也容易得到解决，从而降低解决劳动争议的成本，劳动合同等于是保护劳动关系双方合法权益的法律文书。

（三）签订劳动合同的必要性

对劳动者而言，签订劳动合同是维护自身权益的重要手段。如果用人单位没有与自己签订劳动合同，自己一定要主动提出签订书面劳动合同；如果用人单位执意不肯签，则可以向当地劳动保障部门反映情况，由劳动保障部门督促其签订。我国《劳动合同法》第八十二条规定，用人单位自用工之日起超过一个月不满一年未与劳动者订立书面劳动合同的，应当向劳动者每月支付两倍的工资。《劳动合同法》第十四条规定，超过一年未签订书面劳动合同的，一年期满后视为用人单位与员工已经订立无固定期限劳动合同。

用人单位使用劳动者，应当依法与劳动者签订书面劳动合同，并向劳动保障部门进行用工备案。签订劳动合同应当遵循平等自愿、协商一致的原则，用人单位不得采取欺骗、威胁等手段与劳动者签订劳动合同，不得在签订劳动合同时收取抵押金、风险金。劳动合同必须由具备用工主体资格的用人单位与劳动者本人直接签订，不得由他人代签。

用人单位与劳动者签订劳动合同，应当包括以下条款：

（1）劳动合同期限。经双方协商一致，可以采取有固定期限、无固定期限或以完成一定的工作任务为期限三种形式。无固定期限劳动合同要明确劳动合同的终止条件。有固定期限的劳动合同，应当明确起始和终止时间。双方在劳动合同中可以约定试用期。劳动合同期限半年以内的，一般不约定试用期；劳动合同期限半年以上1年以内的，试用期不得超过30日；劳动合同期限1年至2年的，试用期不得超过

60 日；劳动合同期限 2 年以上的，试用期最多不得超过 6 个月。

（2）工作内容和工作时间。劳动合同中要明确劳动者的工种、岗位和所从事工作的内容。工作时间要按照国家规定执行，法定节日应安排劳动者休息。如需安排劳动者加班或延长工作时间的，必须按规定支付加班工资。

（3）劳动保护和劳动条件。用人单位要按照安全生产有关规定，为劳动者提供必要的劳动安全保护及劳动条件。在劳动者上岗前要对其进行安全生产教育。施工现场必须按国家建筑施工安全生产的规定，采取必要的安全措施。用人单位为劳动者提供的宿舍、食堂、饮用水、洗浴、公厕等基本生活条件应达到安全、卫生要求，其中建筑施工现场要符合《建筑施工现场环境与卫生标准》的规定。

（4）劳动报酬。在劳动合同中要明确工资以货币形式按月支付，并约定支付的时间、标准和支付方式。用人单位根据行业特点，经过民主程序确定具体工资支付办法的，应在劳动合同中予以明确，但按月支付的工资不得低于当地政府规定的最低工资标准。已建立集体合同制度的单位，工资标准不得低于集体合同规定的工资标准。

（5）劳动纪律。在劳动合同中明确要求劳动者应遵守的用人单位有关规章制度，应当依法制定。用人单位应当在签订劳动合同前告知劳动者。

（6）违反劳动合同的责任。劳动合同中应当约定违约责任，一方违反劳动合同给对方造成经济损失的，要按劳动法等有关法律规定承担赔偿责任。

根据不同岗位的特点，用人单位与劳动者协商一致，还可以在劳动合同中约定其他条款。

签订劳动合同前，劳动者要仔细阅读关于相关岗位的工作说明书、劳动纪律、工资支付规定、劳动合同管理细则等规章制度，因为这些内容涉及劳动者多方面的权益，当这些内容作为劳动合同附件时，其与劳动合同具有同样的法律约束力。

劳动合同至少一式两份，双方各执一份，劳动者应妥善保管。如果用人单位事先起草了劳动合同文本，劳动者在签字时一定要慎重，对文本仔细推敲，发现条款表述不清、概念模糊的，及时要求用人单位进行说明修订。为稳妥起见，劳动者在签订劳动合同前，也可以向有关部门或公共职业介绍机构进行咨询，确认合同相关内容的合法性、公平性。需要特别注意的是，当劳动合同涉及数字时，应当使用大写汉字数字。

劳动者在签订劳动合同时，一定不要签订以下五种合同：

(1)口头合同。有的企业不以书面形式与劳动者订立合同，只是口头约定工资、工时等，一旦发生纠纷，双方各执一词，由于缺乏书面文字证据，劳动者往往有口难辩。

(2)生死合同。一些危险性行业企业不按劳动法的有关规定履行安全卫生义务，在签订合同时要求与劳动者约定"发生工伤概不负责"等条款来逃避责任。对这种情况，劳动者可以要求用人单位取消这些条款；如果协商不成，一旦发生事故，劳动者可以申请劳动仲裁委员会或人民法院确认这些条款无效。

(3)"两张皮"合同。有的用人单位害怕劳动保障主管部门监督，往往与应聘者签订两份合同，一份用来应付检查，另一份合同才是真正履行的合同，而这份合同往往是只利于用人单位的不平等合同。

(4)押金合同。一些用人单位利用劳动者求职心切的心理，在签订合同时收取押金、保证金等名目众多的费用，劳动者稍有违反公司管理的行为，用人单位即"合法"扣留这部分押金。这类合同是法律明文禁止的，劳动者可以拒绝；实在无法拒绝，也一定要保留好收据，以备将来维护自己的权利时作为证据使用。

（5）卖身合同。一些用人单位与劳动者在合同中约定"一切行动听从用人单位安排"，一旦签订，劳动者就如同卖身一样完全失去行动自由，在工作中被迫加班加点、强迫劳动，甚至遭受任意侮辱、体罚和拘禁。遇到这种情况时，劳动者不能忍气吞声，要及时向劳动保障监察部门或公安机关投诉举报，维护自己的合法权益。

总之，劳动者的劳动合同与其就业权和生存权等基本权利密切相关，因此从签订劳动合同入手，是改善劳动者劳动保障条件的关键突破口。提高劳动者合同的签订率，政府责无旁贷，首先，应完善相应立法，通过立法严格市场准入管理，规范企业用工，禁止非法用工行为。其次，政府应加强行政职能，各地劳动保障部门要指导和督促各类企业与劳动者依法签订劳动合同。针对网络工特殊的用工模式和劳动者临时性、流动性的就业特点，国家应提早建立与之相适应的劳动合同管理制度。特别是对劳动报酬条款，必须明确工资支付标准、支付形式和支付时间等内容。最后，要提高劳动者法律意识，加大对劳动者的教育、宣传和权益维护力度，针对网络工劳动者组织化程度不高的现状，应开展在网络工劳动者中组建工会工作，并积极帮助他们追讨工资。

五、劳动者工资支付及维权

（一）工资的组成部分

工资是指用人单位依据国家有关规定和劳动关系双方的约定，以货币形式支付给员工的劳动报酬。

工资一般包括计时工资、计件工资、奖金、津贴和补贴、延长工作时间的工资报酬以及特殊情况下支付的工资。但用人单位支付给劳动者个人的社会保险福利费用、丧葬抚恤救济金、生活困难补助费、计划生育补贴、劳动保护方面的费用等不属于工资范围。

工资支付周期可以按月、周、日、小时确定，最长不能超过一个月。实行计件工资制或者以完成一定任务计发工资的，工资支付周期可以按计件或者完成工作任务情况约定，但支付周期超过一个月的，用人单位应当按照约定每月支付工资。实行年薪制或者按考核周期支付工资的，用人单位应当按照约定每月支付工资，年终或者考核周期届满时应当结算并付清工资。

劳动者在签收工资条时应注意以下几个方面：

（1）一定要仔细核对工资条，对于不正确的项目要及时指出来；

（2）不签收假工资条；

（3）工资条应妥善保存。

（二）除工资外，劳动者依法享有哪些劳动福利

除工资外，依照规定，劳动者还依法享有以下劳动福利：年休假、探亲假、婚假、丧假、产假、看护假、节育手术假等假期，且用人单位应当视为提供正常劳动并支付工资。

《工资支付暂行规定》第五条规定，工资应当以货币形式支付，不得以实物及有价证券替代货币支付。

（三）劳动合同中应当约定哪些工资支付内容

用人单位与劳动者签订的劳动合同，应当根据国家有关规定和本单位的工资支付制度，明确约定劳动者所在岗位相对应的工资支付内容。包括：

（1）工资支付标准：应约定具体金额。

（2）支付项目：约定采取计时工资、计件工资等形式。

(3)支付时间：应明确具体在哪一天。

(4)双方约定的其他工资事项。

(四)用人单位应该按时足额支付工资

《劳动法》中的"工资"是指用人单位依据国家有关规定或劳动合同的约定，以货币形式直接支付给本单位劳动者的劳动报酬，一般包括计时工资、计件工资、奖金、津贴和补贴、延长工作时间的工资报酬以及特殊情况下支付的工资等。

《劳动法》及《工资支付暂行规定》对用人单位支付工资的行为做出了具体规定：(1)工资应当以法定货币(即人民币)形式支付，不得以实物及有价证券替代货币支付。(2)用人单位应将工资支付给劳动者本人；本人因故不能领取工资时，可由其亲属或委托他人代领。(3)用人单位可直接支付工资，也可委托银行代发工资。(4)工资必须在用人单位与劳动者约定的日期前支付。如遇节假日或休息日，应提前在最近的工作日支付。工资至少每月支付一次，实行周、日、小时工资制的可按周、日、小时支付工资。对完成一次性临时劳动或某项具体工作的劳动者，用人单位应按有关协议或合同规定在其完成劳动任务后即支付工资。劳动关系双方依法解除或终止劳动合同时，用人单位应在解除或终止劳动合同时一次性付清劳动者工资。(5)用人单位必须书面记录支付劳动者工资的数额、时间、领取者的姓名以及签字，并保存两年以上备查。

(五)用人单位不得无故拖欠劳动者工资

《劳动法》以及《违反〈中华人民共和国劳动法〉行政处罚办法》等规定，用人单位未及时足额支付劳动报酬、加班费；逾期不支付的，由劳动保障行政部门责令用人单位按应付金额50%以上100%以下的标准向劳动者加付赔偿金。

"无故拖欠工资"是指用人单位无正当理由超过规定付薪时间未支付劳动者工资。但是，以下几种情况不属于"无故拖欠"工资：(1)用人单位遇到非人力所能抗拒的自然灾害、战争等原因，无法按时支付工资；(2)用人单位因生产经营困难、资金周转受到影响，在征得本单位工会同意后，可暂时延期支付劳动者工资，延期时间的最长限制可由省、自治区、直辖市劳动行政部门根据各地情况确定。

(六)工资支付不得低于当地最低工资标准

最低工资标准，是指劳动者在法定工作时间或依法签订的劳动合同约定的工作时间内提供了正常劳动的前提下，用人单位依法应支付的最低劳动报酬。不包括加班费和其他福利、津贴。

最低工资标准一般采取月最低工资标准和小时最低工资标准两种形式，月最低工资标准适用于全日制就业劳动者，小时最低工资标准适用于非全日制就业劳动者。根据《劳动法》《最低工资规定》等规定，在劳动者提供正常劳动的情况下，用人单位应支付给劳动者的工资在剔除下列各项以后，不得低于当地最低工资标准：(1)延长工作时间工资；(2)中班、夜班、高温、低温、井下、有毒有害等特殊工作环境、条件下的津贴；(3)法律、法规和国家规定的劳动者福利待遇等。

实行计件工资或提成工资等工资形式的用人单位，在科学合理的劳动定额基础上，其支付劳动者的工资不得低于相应的最低工资标准。

正常劳动，是指劳动者按依法签订的劳动合同约定，在法定工作时间或劳动合同约定的工作时间内从事的劳动。劳动者依法享受带薪年休假、探亲假、婚丧假、生育(产)假、节育手术假等国家规定的假期内，以及法定工作时间内依法参加社会活动期间，视为提供了正常劳动。

用人单位违反以上规定低于当地最低工资标准的，由劳动保障行政部门责令限期支付差额部分；逾期不支付的，责令用人单位按应付金额 50% 以上 100% 以下的标准向劳动者加付赔偿金。

（七）用人单位安排劳动者加班加点时应依法支付加班加点工资

《劳动法》以及《违反〈中华人民共和国劳动法〉行政处罚办法》等规定，用人单位安排劳动者加班加点应依法支付加班加点工资。用人单位拒不支付加班加点工资的，由劳动保障行政部门责令限期支付加班费，逾期不支付的，责令用人单位按应付金额 50% 以上 100% 以下的标准向劳动者加付赔偿金。

支付加班加点工资的标准是：（1）安排劳动者延长工作时间的（即正常工作日加班），支付不低于劳动合同规定的劳动者本人小时工资标准的 150% 的工资报酬；（2）休息日（即星期六、星期日或其他休息日）安排劳动者工作又不能安排补休的，支付不低于劳动合同规定的劳动者本人日工资标准的 200% 的工资报酬；（3）法定休假日（即元旦、春节、国际劳动节、国庆节以及其他法定节假日）安排劳动者工作的，支付不低于劳动合同规定的劳动者本人日工资标准的 300% 的工资报酬。

劳动者日工资可统一按劳动者本人的月工资标准除以每月工作天数进行折算。职工全年月平均工作天数和工作时间分别为 20.92 天和 167.4 小时，职工的日工资和小时工资按此进行折算。

六、劳动者社会权益保障及维权

完善劳动者权益保障法律机制，切实保障其合法权利，不但是推动城乡协调发展、构建和谐社会的一项重要内容，也是一个很值得思考的理论问题和现实问题。

在进城务工的劳动者中，有很大一部分分布在外卖行业。他们的实际工作、生活、待遇状况有很多不尽如人意的地方。针对网络工的特点，国家应采取切实有效的措施，保障他们的合法权益，尤其是工资收益及人身权益。

（一）劳动者享有哪些社会保险

社会保险是国家通过立法，由公民、用人单位和国家三方共同筹资，在公民遭遇年老、疾病、工伤、生育、失业等情况下，能够从社会获得经济帮助，防止收入的中断、减少和丧失给公民带来生活上的困难，达到保障公民基本生活需求的社会保障制度。

《中华人民共和国社会保险法》规定，社会保险具体包括养老保险、基本医疗保险、生育保险、失业保险、工伤保险。基本养老保险费、基本医疗保险费、失业保险费由用人单位和职工按照国家规定共同缴纳；工伤保险费、生育保险费由用人单位缴纳，职工无须缴纳。

该法第五十八条规定，用人单位应当自用工之日起30日内为其职工向社会保险经办机构申请办理社会保险登记。即使在试用期间也要为劳动者购买社会保险。劳动者可通过以下方式查询单位是否给自己购买了社会保险：拨打电话12333查询；通过社保管理机构的相关网站查询；到社保管理机构服务大厅现场查询。

劳动合同中有关不缴纳社会保险费的约定，是违反《中华人民共和国劳动法》和国务院有关行政法规的约定，属于无效约定。劳动者即使签订了此类条款，仍然有权要求用人单位办理社保。对于用人单位不为员工购买社会保险者，劳动者可依法进行投诉：可以向劳动监察部门投诉，或者向劳动仲裁部门申请劳动仲裁，并有权解除劳动关系及要求支付经济补偿金。

(二) 基本养老保险

基本养老保险是劳动者在年老退出劳动岗位以后,由政府提供物质帮助,保障其基本生活需要的一项社会福利制度。基本养老保险费缴费比例一般为员工缴费工资的20%,其中员工按本人缴费工资的8%缴纳,用人单位按员工个人缴费工资的12%缴纳。近些年,一些地方提高了缴费比例。

养老保险一般具有以下几个特点:(1)由国家立法,强制实行,企业单位和个人都必须参加,符合养老条件的人,可向社会保险部门领取养老金。(2)养老保险费用,一般由国家、单位和个人三方共同负担,并实现广泛的社会互济。(3)养老保险具有社会性,影响很大,享受人员多且时间较长,费用支出庞大。

个人达到退休年龄且累计缴费满15年的,均可以享受基本养老保险待遇,按月领取养老金。《中华人民共和国社会保险法》第十六条规定,参加基本养老保险的个人,达到法定退休年龄时累计缴费不足十五年的,可以缴费至满十五年,按月领取基本养老金;也可以转入新型农村社会养老保险或城镇居民社会养老保险,按照国务院规定享受相应的养老保险待遇。自2010年1月1日起,养老保险关系可以全国自由转移接续。未达到退休领取年龄前,不得终止基本养老保险关系,即不能办理退保手续。

领取养老金必须达到国家规定的退休年龄或者退职条件,国家法定的企业职工退休年龄是:男年满60周岁,女工人年满50周岁,女干部年满55周岁。目前我国人均寿命大幅延长,国家正在考虑出台相关延迟退休的政策。

养老金待遇由以下部分组成。《中华人民共和国社会保险法》第十五条规定,基本养老金由统筹养老金和个人账户养老金组成。退休时的统筹养老金(又称基础养老金)月标准为所在市上年度职工月平均工资的 20%，个人账户养老金月标准为本人账户储存额(含利息)除以120。当然，国家会根据社会发展现状，对此会进行适当调整。

国家颁布的《关于贯彻两个条例扩大社会保险覆盖范围加强基金征缴工作的通知》规定，城镇各类用人单位及其职工，都要依法参加社会保险，履行缴纳社会保险费的义务，享受相应的社会保险待遇。按此规定，劳动者(外卖小哥)可以参加城镇企业职工基本养老保险。在城市参加企业职工基本养老保险的劳动者在所在城市累计缴费满 15 年及以上的，到达退休规定年龄时可以与所在城市城镇职工一样按月领取养老金。养老金由社会保险经办机构根据劳动者居住地通过银行发放或邮局寄发。

(三) 失业保险

失业保险是对劳动年龄内，有就业能力并有就业愿望的劳动者非因本人意愿而中断就业，无法获得维持生活所必需的工资收入，在一定期间内由国家和社会为其提供基本生活保障和再就业服务的社会保险制度。失业保险由用人单位和职工按照国家规定共同缴纳。

《中华人民共和国社会保险法》第四十五条规定，领取失业保险金必须同时满足以下条件：

(1)失业前用人单位和本人已经缴纳失业保险费满一年的；

(2)非因本人意愿中断就业的；

(3)已经进行失业登记，并有求职要求的。

申领失业保险金的步骤为：

《失业保险条例》第十六条规定，城镇企业事业单位职工失业后，应当持本单位为其出具的终止或者解除劳动关系的证明，及时到指定的社会保险经办机构办理失业登记。

具体步骤为：

(1)要求用人单位出具终止或者解除劳动关系的证明；

(2)持本人身份证明、失业证明等材料，及时到失业保险关系所在地的负责失业登记的经办机构办理失业登记手续；

(3)提出申领失业保险金申请，并接受失业保险经办机构的审核；

(4)社会保险经办机构为失业人员开具领取失业保险金的单证，失业人员凭单证到指定银行领取失业保险金。

领取失业金的待遇为：

(1)失业人员失业前所在单位和本人按照规定累计缴费时间满1年不足5年的，领取失业保险金的期限最长为12个月；

(2)累计缴费时间满5年不足10年的，领取失业保险金的期限最长为18个月；

(3)累计缴费时间10年以上的，领取失业保险金的期限最长为24个月。

(四)基本医疗保险

基本医疗保险是为补偿劳动者因疾病风险造成的经济损失而建立的一项社会保险制度。通过政府、用人单位和个人等多方面筹资，建立医疗保险基金，这样当参保人员患病就诊发生医疗费用后，可由医疗保险经办机构给予一定的经济补偿，以避免或减轻劳动者因患病、治疗等所带来的经济风险。

根据《国务院关于解决劳动者问题的若干意见》的规定，各地按照"低费率、保大病、保当期"的原则，将劳动者纳入医疗保险范围。劳动者比率集中的地区，可以采取单独建立大病医疗保险统筹基金的办法，重点解决劳动者进城务工期间的住院医疗保障问题。有条件的地区，可直接将稳定就业的劳动者纳入基本医疗保险。以灵活方式就业的，可按照当地灵活就业人员参保办法参加医疗保险。

在用人单位中建立了劳动关系的劳动者与企业其他职工一样，享受社会医疗保险权利，也承担医疗保险缴费义务。城镇职工基本医疗保险费由用人单位和职工共同缴纳。基本医疗保险基金由统筹基金和个人账户构成。统筹基金主要保障住院及门诊大病医疗费用，个人账户主要支付门诊及个人自费费用。基本医疗保险个人账户是医疗保险经办机构为参保人设立的医疗账户，用于记录、存储个人账户记入资金，并按规定用于医疗消费。个人账户资金归参保人个人使用，超支不补，结余滚存，除国家和省另有政策规定外，个人账户不得提取现金。

个人账户包括：

(1)职工个人缴纳的基本医疗保险费，全部计入个人账户；

(2)用人单位缴费的30%左右划入个人账户；

(3)以上2项纳入个人账户的钱所产生的利息；

(4)依法纳入个人账户的其他资金。

个人账户资金支出范围包括：

(1)门诊、急诊的基本医疗费用；

(2)到定点零售药店购药的费用；

(3)住院、门诊特定项目基本医疗费用中，统筹基金起付标准以下的费用；

(4)超过起付标准以上应由个人负担的费用。

参保人员就医，可按以下方式享受医疗保险待遇：

(1)参保人员要在基本医疗保险定点医疗机构就医、购药，也可持处方到定点零售药店外购药品。在非定点医疗机构就医和非定点药店购药发生的医疗费用，除符合急诊、转诊等规定条件外，基本医疗保险基金不予支付。

（2）所发生的医疗费用必须符合基本医疗保险药品目录，诊疗项目、医疗服务设施标准的范围和给付标准，才能由基本医疗保险基金按规定予以支付。超出部分，基本医疗保险基金不予支付。

（3）对符合基本医疗保险基金支付范围的医疗费用，要区分是属于统筹基金支付范围还是属于个人账户支付范围。属于统筹基金支付范围的医疗费用，超过起付标准以上的由统筹基金按比例支付，最高支付到"封顶线"为止。

（五）工伤保险

工伤，又称职业伤害、工作伤害，包括因工作遭受事故伤害和患职业病两种情况。工伤保险，又称职业伤害保险，是通过社会统筹的办法，集中用人单位缴纳的工伤保险费，建立工伤保险基金，对劳动者在生产经营活动中遭受意外伤害或职业病，并由此造成死亡、暂时或永久丧失劳动能力时，给予劳动者及其家属法定的医疗救治以及必要的经济补偿的一种社会保险制度。这种补偿既包括医疗、康复所需要的费用，也包括保障基本生活的费用。工伤保险全部由用人单位缴纳，劳动者不需承担。

国务院颁布实施的《工伤保险条例》规定，中华人民共和国境内的各类企业、有雇工的个体工商户（用人单位）应当依照《工伤保险条例》规定参加工伤保险，为本单位全部职工或者雇工缴纳工伤保险费。外卖小哥作为劳动者，同样有依照《工伤保险条例》的规定享受工伤保险待遇的权利。凡是与用人单位建立劳动关系的劳动者（包括已签订劳动合同，或虽未签订劳动合同，但与用人单位存在事实劳动关系的），用人单位都应当为其及时办理工伤保险参保手续并缴纳工伤保险费。

根据《工伤保险条例》的有关规定，用人单位注册地与生产经营地不在同一统筹地区的，原则上在注册地参加工伤保险。未在注册地参加工伤保险的，在生产经营地参加工伤保险。劳动者受到事故伤害或患职业病后，应在参保地进行工伤认定、劳动能力鉴定，并按参保地的规定依法享受工伤保险待遇。用人单位在注册地和生产经营地均未参加工伤保险的，劳动者受到事故伤害或患职业病后，在生产经营地进行工伤认定、劳动能力鉴定，并按生产经营地的规定依法由用人单位支付工伤保险待遇。

《工伤保险条例》第十四条规定下列情形属于工伤：

（1）在工作时间和工作场所内，因工作原因受到事故伤害的；

（2）工作时间前后在工作场所内，从事与工作有关的预备性或者收尾性工作受到事故伤害的；

（3）在工作时间和工作场所内，因履行工作职责受到暴力等意外伤害的；

（4）患职业病的；

（5）因工外出期间，由于工作原因受到伤害或者发生事故下落不明的；

（6）在上下班途中，受到非本人主要责任的交通事故或者城市轨道交通、客运轮渡、火车事故伤害的；

（7）法律、行政法规规定应当认定为工伤的其他情形。

发生工伤事故后，用人单位应当在一个月内向当地劳动部门申请工伤认定。如果一个月内用人单位未向当地劳动部门申请工伤认定，那么，工伤者本人及其直系亲属、工会组织可以在一年内直接向当地劳动部门申请工伤认定。

劳动者在因工伤暂停工作接受工伤医疗的停工留薪期内，可以享受工伤医疗待遇。原工资福利待遇不变，由所在单位按月支付。

劳动者因工伤残经劳动部门鉴定为1~10级伤残的，可享受一次性伤残补助金。除此之外，被鉴定为1~4级伤残的劳动者，保留劳动关系，退出工作岗位，按月享受伤残津贴；经鉴定确认需要生活护理的，还可按月享受生活护理费(1～4级伤残劳动者也可选择一次性享受工伤保险长期待遇)。被鉴定为5～6级伤残的劳动者，保留劳动关系，由用人单位安排适当工作，难以安排的，由用人单位按月发放伤残津贴。

经劳动能力鉴定为5～10级伤残的劳动者，与用人单位解除或终止劳动关系时，由用人单位支付一次性工伤医疗补助金和伤残就业补助金。

劳动者因工死亡的，直系亲属可享受丧葬补助金和一次性工亡补助金，符合条件的供养亲属还可按月享受或要求一次性领取供养亲属的抚恤金。

用人单位应当参加工伤保险而没有参保，在此期间用人单位职工发生工伤的，由该用人单位按照规定的工伤保险待遇项目和标准支付费用。

用人单位使用童工或非法用工单位使得劳动者致残的，由该单位支付治疗期间的费用(含护理、食宿费用等)，医疗终结经劳动能力鉴定，由单位给予一次性赔偿。

申请工伤认定时，按《工伤保险条例》第十八条的相关规定，应提供以下材料：

(1)劳动关系证明，即用来证明劳动者和用人单位存在劳动关系的证明(劳动合同、工作证、工资单、工卡等)；

(2)医院的诊断证明和病历；

(3)本人的身份证复印件；

(4)用人单位的工商注册资料(在工商行政管理局网站"企业基本信息查询"处查询并打印)；

(5)工伤认定申请表。

（六）生育保险

《中华人民共和国社会保险法》规定，生育保险是通过国家立法，在劳动者因生育子女而暂时中断劳动时，由国家和社会及时给予物质帮助的一项社会保险制度。生育保险全部由用人单位缴纳，劳动者无须承担。

生育保险待遇包括生育医疗费用和生育津贴。

《中华人民共和国社会保险法》第五十六条规定，职工有下列情形之一的，可以按照国家规定享受生育津贴：

（1）女职工生育享受产假；

（2）享受计划生育手术休假；

（3）法律、法规规定的其他情形。

《企业职工生育保险试行办法》第七条规定，女员工生育或流产后，由本人或所在企业持当地计划生育部门签发的计划生育证明，婴儿出生、死亡或流产证明，到当地社会保险经办机构办理手续，领取生育津贴和报销生育医疗费。

（七）住房公积金

住房公积金是指劳动者的任职单位为职工缴存的长期住房储金。住房公积金由两部分组成，一部分由职工所在单位缴存，另一部分由职工个人缴存。国家规定，住房公积金制度一经建立，职工在职期间必须不间断地按规定缴存，除职工离退休或发生《住房公积金管理条例》规定的其他情形外，不得终止和中断。该规定体现了住房公积金的稳定性、统一性、规范性和强制性。目前我国只在在职职工中建立了住房公积金制度，无工作的城镇居民、离退休职工不实行住房公积金制度。由于住房公积金制度建立时间不长，鉴于目前许多企业负担较重，目前我国并没有强制规定任职单位一定得为职工交纳住房公积金，许多企业从成本考虑，不愿缴交住房公积金，导致其交纳情况不甚理想。

关于外卖小哥的权益保障情况，详见第四章介绍。

第四章

外卖小哥的劳动保障与权益保护

一、外卖小哥权益保障情况

同建筑行业一样，餐饮外卖业作为劳动密集型行业，务工者人数多，学历低，素质一般，流动性强，由于务工灵活，来去自由，许多务工人员不太关注劳动权益保障情况，或不愿花时间去维护自身权益，导致餐饮外卖行业在权益保障方面问题多多。

一是劳动合同签订较少。如前所述，外卖平台除与专职外卖小哥签订劳动合同外，大量的众包外卖员则是兼职人员，平台不与其签订劳动合同。对于第三方外包服务公司，平台借口与其为加盟关系，要求外卖配送员与加盟公司签订劳动合同，而加盟公司都是当地小公司，无力承担签订合同后所应支付的五险一金等，也不予签订，或以劳务合同代替劳动合同，借以规避法律风险。劳动合同与劳务合同是两个不同的法律概念，区别很大，一旦出现法律纠纷，则存在严重的法律风险。前者，用人单位须为劳动者承担安全、社保等种种责任，也严格受劳动法律法规约束；后者，则意味着双方是平等的民事合作关系，劳动者的很多权利难以得到保障。许多外卖平台与兼职外卖员签订的多是合作协议、承揽协议或其他协议，其"良苦用心"由此可见一斑。没有劳动合同，一旦劳动者进行劳动维权或出了工伤事故，由于身份问题，往往难以得到政府执法部门的认可，在纠纷调解或法庭上也处于不利位置。

二是劳动时间过长，加班得不到补偿。根据《劳动法》的规定，国家实行劳动者每日工作时间不超过 8 小时、平均每周工作时间不超过 44 小时的工时制度，用人单位应当保证劳动者每周至少休息一日，用人单位在法定节假日期间应当依法安排劳动者休假，用人单位由于生产经营需要，经与工会和劳动者协商后可以延长工作时间，一般每日不得超过 1 小时，因特殊原因需要延长工作时间的，在保障劳动者身体健康的条件下延长工作时间每日不得超过 3 小时，但是每月不得超过 36 小时。但许多卖小哥没有底薪，工资完全靠提成，为追求更高的收入，往往不分白天黑夜，每日都处于长时间的工作状态。许多外卖骑手 24 小时全时段为用户提供服务。

三是社会保障基本没有。我国规定劳动者应享有基本社会保险，包括养老保险、基本医疗保险、失业保险、工伤保险等，但由于外卖平台基于节约成本考虑，不愿签订劳动合同，更不会为外卖员承担负担较重的社会保险服务。一些外卖平台只为外卖员交纳意外保险，但这些商业保险保额低，而且是公司投保，并没对应到个人，一旦出现事故，保险公司拒赔现象严重。而外卖员的职业又比较危险，一旦出现交通事故，他们只能自己承担损失，得不到工伤、医疗保险的救助。现实中许多骑手对自身权益保障情况也不关注，以为自己年轻，是临时工，交了也是白交，热衷于拿现钱。

四是扣薪情况严重。出现差评或遭受顾客投诉，外卖平台均要对骑手进行经济处罚，尤其是出现投诉情况，外卖平台一般要对骑手罚款 200 元以上，而顾客给差评或予以投诉，并不完全是外卖员的责任，如商家出餐太晚、交通出现堵塞、消费者电话不接等，也不排除一些低素质顾客恶意投诉或故意戏弄外卖员等，但平台完全不管这些，一切以消费者意见为准，罚款十分随意，且不提供申诉的机会。外卖小哥想投诉或没有时间或没有精力或难以找到主管单位，维权无门。

五是流动性强。外卖小哥大多将此工作作为临时性工作，一有好的工作机会，则离职走人，有的连工资也不要。由于外卖员流动性强，流失率高，对自身权益不重视，这更加助长了外卖平台不重视员工的权益保障。

六是交通安全问题突出。对于外卖小哥来说，时间就是金钱，为了多抢单，多派单，一些外卖小哥不顾交通安全，骑着摩托车在大街横冲直撞，与时间赛跑，尤其是在送餐高峰期，为了提高准点率，许多外卖小哥无视行车规定，随意闯红灯、压线越线行驶甚至违章调头是常事，导致交通事故不断，引起许多人身伤亡事故。

受伤的外卖小哥两天半死伤一人
为何交通事故频发

近日，一则有关外卖送餐的数据显示，2017 年上半年上海市送餐外卖行业发生伤亡交通事故共 76 起，平均 2.5 天约 1 名送餐员伤亡。此消息经媒体报道后，引发关于外卖骑手送餐安全的网络热议。不少人表示，透过上海一地的数据，可见外卖送餐行业的"速度"与"激情"背后隐藏着巨大的安全隐患。外卖送餐为何交通事故多发？究竟是谁在外卖骑手送餐的时间链条上按下了"加速键"？

逆行的外卖小哥

送餐路上事故频发

外卖送餐路上事故频发，每到午、晚餐时刻，餐饮商户、大街小巷、写字楼等随处可见外卖骑手着急送餐的身影，他们或骑摩托，或驾电动自行车，车后印有 logo 的方形保温箱里放着客户的餐食。从站点系统派单起，骑手们便开始经历接单、等候、取餐、送餐的过程，只有按时送达下单客户手中，才算完成一单任务。骑手们因而成为不少人眼中"与时间赛跑的人"。

今年以来，国内不少城市频频发生外卖送餐交通伤亡事故，记者从相关媒体报道中梳理出多起典型事例。1月初，一名骑电动车的"饿了么"外卖送餐员在上海市同普路祁连山南路附近，与机动车发生碰撞后不幸身亡；4月11日晚，一名穿着"达达"工作服的骑手在上海复兴中路吉安路与运送垃圾的货车相撞身亡。

8月初，在余姚城东新区一十字路口，一辆骑电动车的外卖骑手因闯红灯撞上正常行驶的劳斯莱斯轿车而引发交通事故。劳斯莱斯反光镜被撞掉，车门凹陷，外卖骑手受伤被送往医院。事发后，车主未追究骑手的事故责任，只是表态希望骑手们能吸取教训、文明行驶。市民张先生对记者说："大街上经常见送餐小哥为省时间不走马路，骑摩托车上行人道，剐蹭行人时有发生。"

骑手缘何分秒必争

外卖送餐行业里交通事故频发，引发人们对送餐人员安全及交通违法行为的讨论。外卖骑手缘何"一路狂奔"慢不下来？记者就此采访了外卖骑手及相关业内人士。

送餐员小冯在北京从事送餐服务一个多月，负责配送西单附近3公里范围左右的订单。他告诉记者，每天饭点是送餐"爆单"的时间段，上午11点至下午1点之间的订单尤其密集。"老员工一天下来差不多得送三四十单，我还算新人，大约十二三个订单吧。"小冯说，初中毕业后来北京的饭店打工4年，夏天高温里送餐虽累，但收入要高不少，"等送餐时间再长点，对周边更熟悉了，每天送单量应该能上涨吧。"

交谈中，小冯的话语总不离"送单量"，用他的话说是"多劳多得""这是外卖送餐行业吸引人的地方"。外卖送餐员的薪酬由保底的基本工资和送单提成组成。小冯表示，公司里像他这样的全职送单员工有3000元保底收入，每按时送达一单、无投诉、无差评即可得到6元钱，而兼职员工因没有保底收入，按规定完成一单可获8.5元。"前提是得按时送达啊，还要保证客户不投诉，没有差评。"送餐员小王表示，自己在送餐过程中曾因商家交货、交通不畅等原因迟到，大部分客户能理解并原谅，但也有客户"超过一分钟都不愿意等"。

平台奖惩制度严格

"'送单快'就像紧箍咒一样，但从接单到送达的过程，有太多不确定因素。"小王表示自己超时送达的情况不止一例，"有时候等了好久才从商家手中接过餐食，再赶上拥堵路段，只能逆行一小段或走人行道、抄近道等来抢时间了。"

业内人士告诉记者，每个外卖平台对送餐员工都有严格的奖惩制度，有的公司规定好评可获额外奖励，而超时送达扣钱是更普遍的约束手段。"系统在客户下单后约定送达时间，我们公司的规定是超时8分钟至30分钟内算普通超时，不扣钱，但超过30分钟即为严重超时，每单得扣掉2元钱。"小王说，入行以来多次听说同事因闯红灯、车速过快等原因撞上机动车或行人，前几天还有个同事逆行而发生车祸住院。

如何让骑手"慢下来"

近日，上海交警部门约谈了饿了么、美团等8家送餐外卖企业，亮出严厉的管理规范，要求各企业加强安全培训、车辆规范、骑手身份识别系统等方面的管理。其中，有关企业应建立骑手交通文明记分制度的要求收获不少好评，骑手交通违法行为的严重性和危害程度将被设定相应记分分值。

青海西宁市公安局交警支队副支队长黄才界告诉记者，外卖小哥骑车逆行，在人行道上随意穿插，发现一次违章立即处罚50元，如果不愿接受现金处罚，可选择参与半小时以上的交通安全学习实践，协助交警在路口执勤，"发现外卖送餐员电动车违章后，让他去纠正制止，互相教育的效果非常好"。

不少人认为让外卖骑手"慢下来"还需内在治理手段。西南大学新闻传媒学院教授秦红雨表示，外卖小哥电动车"一路狂奔"，根源还在于这个岗位不合理的付酬方式，更多是单一的计件工资，只有改变外卖小哥的工作待遇和计酬方式，将他们纳入社会保障体系，给他们更多基本保障，才能让送餐员的车子慢下来。

一位经常点外卖的北京上班族建议，客户应当多一些倾听和理解，接到外卖餐食时回以感谢，不随便点差评，"客户还可以考虑提前下单，给本就容易'爆单'的饭点'降降温'"。

（来源：新浪综合，http://tech.sina.comDcn/i/2017-09-01/doc-ifykpzey3443707.shtml。）

七是其他问题。如接受职业技能培训的权利没有得到应有保护，限制了外卖员职业技能的提高，导致出现技能与劳动力市场需求脱节的问题。还有缺乏工会组织等，外卖小哥一旦想维权，却无法找到"娘家人"为其撑腰。

二、外卖小哥劳动权益受损的原因分析

（一）劳动关系认定困难

我国法律规定，认定劳动关系的标准包括以下三条：（1）用人单位和劳动者符合法律、法规规定的主体资格。（2）用人单位依法制定的各项劳动规章制度适用于劳动者，劳动者受用人单位的劳动管理，从事用人单位安排的有报酬的劳动。（3）劳动者提供的劳动是用人单位业务的组成部分。这三条标准实际包括对"用人单位""劳动行为""劳动者"

三方面的考察。"用人单位"必须是我国劳动法中的"企业、个体经济组织等",而"劳动行为"是劳动者在用人单位的管理下,从事具体劳动,并获得报酬的过程。"劳动者"同样必须具备合法的资格。

根据上文分析,除平台自营骑手、卖家自送骑手有具体单位挂靠外,众包骑手与平台是兼职关系,劳动关系处于不明状态,平台为了规避风险,不与众包骑手签订劳动合同,仅作为劳务关系或信息居间关系看待,而现实中许多兼职骑手也缺乏劳动保障意识,不认为自己是有单位的人,仅将自己作为纯劳动力看待,干一天活拿一天钱。由于众包骑手与平台之间的用工关系不完全符合传统劳动关系的特征,如果将这类兼职员工纳入劳动法调整范围,会对传统的劳动关系认定标准带来较大冲突。

(二)用人单位的规章制度存在缺陷

当前,我国餐饮外卖业市场竞争激烈,毛利率较低,盈利比较困难,物流配送成本高,配送的过程中会产生许多影响顾客满意度的因素,用人单位之所以对外卖员实施高额罚款的制度,一方面有提高客户满意度的因素,但另一方面不排除以罚款的方式变相少支付外卖员的劳动报酬,以压缩劳动成本,这种不合理的制度使外卖员获得的劳动报酬权利受到侵害。此外,还有用人单位的押金制度、关于工作时间的规定等都不太合理,侵害了外卖员的合法劳动权利。

(三)外卖配送(网约工)这种新型用工方式使得维权较为困难

外卖配送等网约工作为数字化技术下新诞生的一种职业,因其用工灵活、上岗迅速、退出方便、结款及时而受到许多劳动者的青睐,但也给我国对其身份的认定带来困难。首先,网约工一般不受企业的管理，完全以自我管理为主。网约工只是借助网络平台提供服务，并根据工作结果获得报酬。这种工作模式带有独立性、自主性。然而，正是网约服务的开放性、灵活性，在给网约工就业带来独立性、自主性等便利条件时，却给网约工的权益保障埋下了重大隐患。其次，平台企业与网约工当事人的法律关系更为灵活多样，签订的协议亦是多种多样，有的签订劳动合同，更多签订的是合作协议、承揽协议等，甚至不签订任何书面文本。一旦发生劳动争议，平台企业往往以信息提供服务关系、劳务关系、合作关系、承包合同关系等为由，否认双方的劳动关系，将风险转移到网约工身上，逃避应有的责任，从而使网约工劳动权益受到损害，争议不断增多，维权难度加大。

（四）监管乏力，存在真空地带

政府对新就业形态发展中存在的问题认识不足、监管滞后是导致网约工权益保障缺失的又一个重要原因。一是现行劳动关系制度不适应新就业形态的发展要求。表现为：第一，现行劳动法律体系不适应新就业形态，导致劳动者法律地位难以确认，劳动者合法权益保障困难加大，劳动者维权难度加大。第二，现有的劳动保护体系建立在传统劳动关系基础上。由于无法确认新就业形态从业者的法律地位，因而无法对网约工采用传统的劳动保护措施。二是如何利用新就业形态灵活就业的组织化特征，提升社会保险参保率，也是政府监管中需要面对的问题。三是公共就业服务仍偏重传统就业，政策支持尚未覆盖新就业形态。如职业指导、职业介绍方面，主要帮助劳动者与传统企业结合，忽视了引导劳动者进入灵活化、网络化、低门槛的新就业形态。此外，政府在外卖平台的资格准入层面、餐食交易监管层面以及消费者权益保护层面均存在着新的问题，随着交易双方纠纷的增多，政府部门面对新型用工往往无能为力，或没有执法标准。

（五）主客观因素使外卖小哥忽视自身权益防护

从外卖骑手从事送餐工作的主观动机来看，挣钱是他们的唯一目标，而欲多挣钱，唯一的办法就是多抢单，在抢单为王、多抢一单多几元提成的终极思维之下，许多外卖小哥一切向"单"看，而对自身权益保护、自身技能的提高、未来职业发展从未予以考虑。从客观条件来说，他们和外卖平台之间只有一个 APP，考量他们的是精确到秒的各种算法机制，为了不被平台亮红灯，外卖骑手只能疲于奔命，尤其是在中、晚餐送餐黄金时段，短短三四个小时决定了其一天的收成，在现实利益面前，绝大多数外卖骑手只能放弃遵守交通规则，他们分秒必争，于是出现外卖骑手屡屡争道抢行、乱闯红灯现象也就不难理解了。一些骑手不按规定戴好头盔，嫌头盔影响视线；一些外卖小哥对电动自行车不进行正常检查及保养，让其"带病"上路，如此种种，出现交通事故等各种意外也就在所难免。

（六）外卖员素质不高，维权能力不强

外卖员学历大多在高中以下，文化程度不高，法律意识不强，没有和用人单位讨价还价的能力，且大多数外卖员并不将其作为自己的终身职业，仅当做过渡时期的临时工作，一有好机会则马上辞职不干，这些主客观原因导致外卖员在劳动力市场中的弱势地位，缺乏强烈的维权意识。当出现劳动争议时，外卖员大多采取自认倒霉的方式。他们认为，与其费时费力，花时间打官司，不如利用这些时间多派几单。外卖员的这种妥协心理，更加助长了一些外卖平台的强势地位以及侥幸心理。况且，单靠个人的力量根本无法与公司抗衡，缺乏工会等合法维权组织使得外卖员在劳动力市场中的弱势地位更加被动，他们的维权能力被分化，无法有效维护自身权益。

三、如何保障外卖小哥权益

针对外卖小哥合法劳动权利受侵害的现状，在分析产生劳动权益受侵害的基础上，有必要从外卖小哥自身、用人单位以及国家等层面提出相应的对策来维护外卖小哥的合法劳动权利，也即需要形成政府主导、企业负责、协会参与、个人主动作为的多方协作机制，各方形成合力，共同维护好外卖小哥的合法权益。

（一）外卖小哥自身层面

外卖小哥自身应增强法律意识，学法、懂法、用法，清楚自身享有的合法劳动权利，并懂得在自身合法劳动权利受侵害时，运用法律的武器依法维护自身合法劳动权利。外卖小哥还应参加职业技能培训，加强学习，不断提高自身的职业能力，履行好劳动义务。

外卖小哥个人应当增强维权意识，善用法律武器来保护自己的合法权益。第一，学习相关法律法规，增强法律意识和自我保护意识，防止外卖平台在签订协议的过程中利用信息不对称规避法律责任。第二，在日常工作中，除遵守公司的各项规定，努力工作外，也要切实维护好自己的合法权益，收集公司侵权证据，必要时将其派上用场。第三，应当积极、理性、依法维权，在自身合法权益受到侵犯时，依法向工会、仲裁机构或者司法机关寻求法律援助。第四，个人的力量毕竟是弱小的，外卖小哥们应该团结起来，对公司侵权行为集体说不，维护好大家共同的权益。

当前，外卖小哥合法劳动权利受侵害的状况不容忽视，维护外卖小哥的合法劳动权利有利于促进社会各方对全体劳动者合法劳动权利的重视，有利于社会的和谐、稳定、繁荣。

(二) 用人单位层面

其一，用人单位要认真贯彻落实国家的劳动法律，不把侵害外卖小哥的合法劳动权利作为降低成本的手段，还要加快转型升级，寻找新的利润增长点，结合企业实际为外卖小哥提供更高的劳动报酬以及福利，比如除"五险一金"外，还可以给外卖小哥购买补充保险。

其二，强化平台企业的主体责任。目前外卖平台大多没有为外卖小哥购买工伤保险，其隐患多多，无须细说。将外卖小哥这个群体纳入工伤保险体系之内，一方面体现了对处于弱势劳动者群体的保护，另一方面也体现了我国社会保险制度的优越性，使得外卖骑手的个人工作安全系数水平得以提升。具体方式上，鉴于当前工伤保险由用工主体单方支付的现状，而外卖平台与外卖小哥仅为松散的劳务关系，完全由外卖平台支付工伤保险金不太现实，可采取平台企业和外卖骑手联合缴费模式，共担风险，共享收益。同时，在此基础上，以现有社会保险为基础，积极引进商业保险，通过采取减免税收优惠等政策，促进商业保险和社会保险的接轨，形成双保险，切实保障外卖小哥的人身安全，增强外卖小哥的劳动幸福感。

其三，平台企业的各类规章制度应合理合法。目前外卖平台最让人诟病的地方有以下五处：一是随意克扣外卖小哥的收入，二是设置了严苛的送餐时间，三是用户评价影响每单提成收入，四是平台用户评价机制不科学，五是外卖小哥基本没有底薪，收入完全靠派单提成。对于随意扣款问题，平台应出台标准或细则，扣款程度不得违反国家法律规定。平台不能仅仅因为骑手态度不好、送餐延时、用户差评或投诉，就不分青红皂白地简单处以严罚，导致骑手一天白干。骑手受罚须具备法定条件，并且处罚权的制定与实施应遵循法定程序，听取骑手意见。对于送餐时间，应考虑送餐路段、天气、交通拥堵、交通工具等各种特殊情况，不能以送餐准点率作为业绩考核的唯一标准。各类外卖平台用户评价指标要合理，针对不同年龄、不同行业、不同类别的消费者分别设计各类不同指标，提高指标设计的科学性，具体实施过程中坚持用户评价与实地调查相结合的方式，科学考核骑手的工作质量。对于外卖小哥没有底薪、收入单纯靠派单提成的问题，外卖平台应限制外卖小哥一天任务抢单总量或在一个时间段内限制任务抢单量，以保证骑手有足够的送餐时间，从而避免因订单过多、时间过紧外卖小哥争道抢行而发生各种交通事故，进而影响外卖小哥的休息权及人身安全，减少外卖小哥因连续送餐、长时间送餐、缺乏休息而出现过劳死情况。

（三）国家层面

首先，国家应该出台合理的经济政策，完善相关制度，促进我国劳动力市场的发展与成熟。随着互联网、大数据、云计算等网络信息技术的迅猛发展及其与传统行业的深度融合，大量以"互联网+"为特征的新经济、新模式、新业态被催生出来，外卖骑手、快递小哥等新的就业形态（网约工）不断涌现。然而，大多数网约工都以非正规的方式就业，他们与平台之间并未签订劳动合同，除了劳动报酬之外，没有"五险一金"，也不能获得工伤事故赔偿责任方面的法律保护，基本上游离于社会保障的边缘。这种情况的出现，使人们对"互联网+"新业态中劳动关系的认定以及由此产生的权益维护等方面的问题感到困扰。为此，国家要建立健全劳动法律，结合外卖业新的发展形势，适时补充或出台新的劳动法规，以切实保障这部分人的利益需求。

其次，政府应加大监管服务力度。（1）对线上外卖平台，应严格按照《网络餐饮服务食品安全监督管理办法》的规定，要求线上外卖商家必须有实体店，而且取得营业执照、食品经营许可证、健康证等从事餐饮行业所必须的证件，对于证照不齐全、没有固定经营场所及其他不具备许可条件的商家，不得通过网络从事食品经营。

（2）全面开展网络订餐食品安全监督检查，对网络订餐平台配送公司全面进行评估，重点评估配送能力、配送人员情况，针对外卖人员在配送途中的食品安全问题，加强对外卖配送人员的教育管理，要求其遵守交通法规，严禁配送人员有闯红灯、逆行等不文明行为。

（3）针对外卖小哥权益侵害严重的现实，其一，各级政府要加强对平台用工企业的引导和规范，事前加强防范，从源头将可能侵害劳动者权益的网络平台排除在劳动力市场之外；事中强化监督，对网络平台的工资结算、用工管理等方面进行监督与指导，劳动监察等有关部门应坚决查处侵害外卖小哥合法权益的事件，并依据相关法律法规进行处罚，增加用工企业的违法成本。其二，规范劳动关系的认定和管理，明确劳资双方权利义务，制定劳动标准体系，对外卖小哥的工作时间、工资标准、休息休假、劳动条件、安全保护等做出明确规定，切实保障外卖小哥的合法权益。其三，改革当前参保缴费政策，积极探索建立政府部门主导的新业态从业人员职业伤害保障制度，构建多层次社会保险体系，为新就业形态劳动者提供更加有力的保障。其四，切实加强对新业态企业的执法监管，提升执法科学性，强化监管精准度，完善跨界联合执法机制，畅通沟通合作渠道，形成治理合力，坚决制止刻意规避法律、侵害劳动者权益的短期行为。其五，政府还应组织企业各类评比活动，促进网络平台强化行业自律，督促新业态企业规范用工管理，引导互联网平台企业在劳动者权益保障方面承担更多社会责任，切实保护好新业态从业人员的合法权益。

再次，针对当前外卖行业中劳动关系认定困难的情况，参考国内一些学者的意见，可考虑引入"类劳动者"制度。"类劳动者"是一种新型的劳动关系主体，该主体在人身从属性上弱于传统劳动关系，但在经济依赖性上又强于劳务关系。在外卖业的用工形式中，平台专送模式、卖家自送模式以及外包模式下送餐员与相关单位可以形成传统的劳动关系，但众包模式下的送餐员与相关单位的法律关系并不明确，引入"类劳动者"制度可以给这类用工精准的法律定位。在"类劳动者"制度的具体设计上，其一，要确立倾斜保护"类劳动者"的基本原则。其二，要明确"类劳动者"的具体权益范围。其三，应健全"类劳动者"相关的纠纷处理机制。

最后，建立职业责任保险制度。职业责任保险是指被保险人在执业过程中因非故意因素造成第三方损失而应依法给予经济赔偿的，保险公司按照合同的约定在其职责范围内支付的保险赔偿金。当前，许多平台考虑到外卖员送餐中的风险问题，每天向外卖员收取几元的意外伤害保险，这种商业保险由于保费缴交太少，保额太低，如果外卖员出现了重大交通安全事故，这类保险无疑杯水车薪，加之外卖小哥流动性强，主动放弃权益者大有人在。尤其搞笑的是，出现工伤事故，受益人却一般为平台，这样如果外卖员出事，相反公司还会受益，这种有违公序良俗的反常事情应该尽量避免。为此，国家可强制要求外卖平台建立职业责任保险制度，受益人为全体外卖员，由全体外卖员公平享有这份保障。

（四）工会层面

针对外卖业行业组织化程度不高的现状，工会组织应充分发挥作用，要以外卖小哥等网约工为重点对象，创新工会组织形式和入会方式，通过源头入会、劳务市场入会、先入会再组织成建制劳务输出、加强劳务派遣工人入会等措施，推进工会组建和发展会员工作，大力推进区域性、行业性基层工会联合会建设，聘用社会化、职业化工会工作者，充分发挥基层工会联合会在组织网约工加入工会中的重要作用，扩大对网约工的覆盖率。

工会组织应积极参与《劳务派遣规定》《外卖配送管理规范》《互联网机制下新型劳动用工关系认定工作》等涉及网约工切身利益的法律法规和政策的制定，积极反映外卖小哥等网约工的利益诉求，提出政策主张，为党和政府科学决策提供参考。进一步推进《劳动合同法》等相关劳动法律和制度的贯彻落实，督促相关部门定期或不定期进行专项检查。积极开展建设学习型组织、争做知识型职工活动，努力提高网约工的劳动技能和综合素质，培养造就高素质的现代产业工人。

当前，各级工会应加强对外卖员权益保护情况的调查研究，开展在快餐饮食行业中组建工会工作，加大对外卖员的教育、宣传和权益维护力度，并积极帮助他们追讨工资。由于工会是一个分工明确、责任到位的组织，而且是可以与雇主相抗衡的社会力量，可以消除"搭便车"行为，实现集体行动。此外还可降低外卖员讨薪维权的成本，如果发生拖欠工资或者其他侵权行为，外卖员可以通过举报来维护自己的合法权益。工会接到举报后，应协同其他监管部门采取措施来维护外卖小哥的权益。

此外，还应建立外卖平台企业信用档案数据库，对违反国家劳动法规定，恶意克扣外卖员工资或拒不与外卖员签订劳动合同的企业，应记入信用档案数据库，并在网上进行公示。餐饮行政主管部门可依据企业的不良信用记录对其市场准入、网络广告和纳税或开业许可等进行限制，通过建立健全的信用体系，改变整个行业的信用缺失现状。

（五）政策层面

在互联网+经济深入推进、全方位渗入的情况下，从事物流配送工作的劳动者作用越来越大，地位越来越重要，为此要加大对物流配送人员的舆论宣传，宣传党和国家关于加强物流配送业发展的各项方针政策及网约工所作的重大贡献，引导用工单位认真履行社会责任，进一步营造关心、尊重和爱护网约工的良好社会氛围；畅通外卖小哥等网约工利益诉求渠道，保障他们参与管理社会事务的民主政治权利；积极组织适合他们特点的丰富多彩的文体活动，丰富其业余生活，满足他们的精神文化需求；注意加强他们的心理疏导和行为矫正服务，加大对他们心理健康的关注和投入，开展社会关怀活动，帮助他们搞好自我管理、自我调适，缓解心理压力，提高抗挫能力，树立健康向上的生活情趣；关心他们的恋爱婚姻问题，为他们组织开展交友联谊活动，为解决婚姻问题创造条件。

同时，进一步探索网约工维权工作的新机制、新方法，形成社会化的工作格局。建立健全党政主导、工会运作、相关部门协作的社会化维权工作体制，赋予工会更多的资源和手段以维护网约工的合法权益。进一步探索促进网约工工作的新机制、新方法。按照促进科学发展的要求，建立网约工工作目标责任考核和激励约束机制，把网约工就业培训、收入增长、居住、就医、子女入学和社会保障等基本生活条件改善，纳入地方政府绩效考核指标体系之中。鼓励各地根据实情，因地制宜地探索和尝试网约工就业培训教育、住房改善、户籍制度改革、随迁子女高中阶段教育的新机制和新方法等，使城市这群最熟悉而又最陌生、城市的"天外飞仙"们能在城市立足、生根、成家、立业，成为城市新市民，满足其融入城市的梦想。

说到底，外卖员是一份工作，外卖小哥是千千万万劳动者中的一分子，他们用辛勤和汗水，为城市的正常运转做出贡献，他们也用自己的双手，践行着"幸福都是奋斗出来的"真谛。他们应该和千千万万的劳动者一样，得到合理合法合情的权益保护。这既是他们的人生渴求，也是各级政府的责任，更是全民共建共享共融、实现民族伟大复兴的现实需求。

◎小知识

电动自行车技术要求

电动自行车是以蓄电池作为辅助能源，具有两个车轮，能实现人力骑行、电动或电助动功能的特种自行车，其技术要求如下：

……

5.1 整车主要技术性能要求

5.1.1 最高车速

电动自行车最高车速应不大于20km/h。

5.1.2 整车质量(重量)

电动自行车的整车质量(重量)应不大于40kg。

5.1.3 脚踏行驶能力

电动自行车必须具有良好的脚踏骑行功能，30min的脚踏行驶距离应不小于7km。

5.1.4 续航里程

电动自行车一次充电后的续航里程应不小于25km。

5.1.5 最大骑行噪声

电动自行车以最高车速作电动匀速骑行时的噪声应不大于62dB(A)。

5.1.6 百公里电耗

电动自行车以电动骑行(电助动的以电助动骑行)，100km的电能消耗应不大于1.2kWh。

5.1.7 电动机功率

电动自行车的电动机额定连续输出功率应不大于240W。

5.2 整车安全要求

5.2.1 制动性能

电动自行车以最高车速电动骑行时（电助动的以 20km/h 的车速电助动骑行），其干态制动距离应不大于 4m，湿态制动距离应不大于 15m。

······

5.2.7 反射器和鸣号装置

电动自行车应装有前灯或前反射器、后反射器、侧反射器和脚蹬反射器，还应装有鸣号装置。

5.2.8 电器部件

5.2.8.1 电器装置

电动自行车的电器系统应安装到位，极性正确，电器配线应与电流量相适应，以确保电动骑行时的安全、可靠。

5.2.8.2 绝缘性能

电动自行车应对其电器系统采取防雨措施。系统的所有接线均不应裸露。电动自行车的车体和电器部件的外壳均不应带电。

5.2.8.3 蓄电池密封性

电动自行车的蓄电池应有良好的密封性，在正常安装位置条件下，充放电时不应有渗漏现象。

5.2.8.4 蓄电池的标称电压

蓄电池的标称电压应不大于 48V。

5.2.8.5 制动断电装置

电动自行车应装有制动断电装置，在制动时应能自动切断电源。

5.2.8.6 欠压、过流保护功能

电动自行车的控制器应具有欠压、过流保护功能和短路保险装置。在电动骑行时调速应稳定、可靠。

5.3 整车装配要求

5.3.1 总体要求

(a)电动自行车应按其型号要求组装，不得错装和漏装；

(b)电动自行车各紧固件应紧固到位，各转动部件应运转灵活；

(c)各对称部件应与车架中心面左、右对称，不得有明显的偏斜；

(d)变速装置和制动系统应装配正确，操纵灵活；

(e)电动自行车的不动件不允许与运动部件相碰擦。

5.4 整车外观要求

(a)电动自行车各外露零部件的表面应清洁，无污渍、锈蚀，商标、贴花应完整、清晰，位置应正确；

(b)电动自行车各塑料件的表面应色泽均匀，无明显的飞边、划伤、裂纹和凹陷。

5.5 整车道路行驶要求

电动自行车须经 100km 道路骑行试验，试验过程中不应发生整车各零部件的断裂和电器控制系统各部件的损坏或失效，试验后不应丧失其电动骑行功能。

5.6 说明书的要求

每辆电动自行车必须附有说明书，并应有下列内容：

(a)在仔细阅读说明书、了解电动自行车的性能之前，不要使用电动自行车；不要借给不会操纵电动自行车的人骑行；

(b)对把横管、把立管、鞍座、鞍管和车轮的紧固件应推荐旋紧力矩，应注意把立管和鞍管的安全线；

(c)润滑部位、润滑周期及推荐润滑用油；

(d)正确的链条张紧度和调整方法；

(e)车闸的调整和对闸皮调换的建议，注意雨雪天骑行应增加制动的距离；

（f）电动机、控制器、蓄电池的正确使用和保养方法；

（9）充电器的正确、安全使用方法。

（节选自《电动自行车通用技术条件》GB 17761—1999）

头盔的技术要求

……

5. 技术要求

5.1 结构

头盔由壳体、缓冲层、舒适衬垫、佩戴装置、护目镜等组成。

5.1.1 壳体

（a）用质地坚韧、耐用并能较多地吸收冲击能量的材料制成；

（b）表面涂层颜色鲜明、光洁，不易沾污及脱落；

（c）在检验中壳体应保持完整无损，不得出现裂缝；

（d）壳体可拆卸部件取下后，不得降低其防护性能，也不得对人头、颈部造成刺伤；

（e）护目镜连接件不得超出壳体外表面7mm，系带等其他连接件不得超过壳体内、外表面3mm，连接件不得有毛边；

（f）壳体设通风孔时，其孔径不大于13mm；

（g）边沿应镶嵌软质圆钝的缘圈，以防直接损伤头颈部；

（h）应覆盖头部保护区（含耳罩部分）。

5.1.2 缓冲层

（a）用能较多地吸收碰撞能量，对人体无毒、无害的材料制成；

（b）形状、规格尺寸适体，佩戴不移位；

（c）如设通风孔，其孔径不大于13mm；

（d）应覆盖头部保护区（耳罩可视作缓冲层的一部分）。

5.1.3 舒适衬垫

(a)用体感舒适，吸汗、透气，对皮肤无毒、无害的耐用材料制成；

(b)舒适衬垫(含标记)与缓冲层连接，不得使用对人体有毒或有腐蚀性的粘合剂制成；

(c)保证头盔佩戴的舒适性。

5.1.4 佩戴装置

由系带、搭扣及连接部件组成。结构应保证乘员佩戴头盔牢靠舒适，解脱方便。

5.1.5 护目镜

由满足透光性能和冲击强度性能的材料制成。

5.2 性能

5.2.1 保护范围

必须覆盖图3所示的头部保护区。

5.2.2 头盔质量(含附件)

全盔不大于1.60kg，半盔不大于1.30kg。

5.2.3 头盔视野

左、右水平视野不小于105度，上视野不小于7度，下视野不小于30度。

5.2.4 头盔护目镜

5.2.4.1 按照6.5.1规定的方法进行检验，护目镜不得被击穿或破碎。

5.2.4.2 按照6.5.2规定的方法进行检验，护目镜可见光透过率不小于85%。

5.2.5 头盔佩戴装置强度性能

按照6.6规定的方法进行检验，不得出现伸长量超过25mm或系带撕裂撕断、连接件脱落及搭扣松脱的现象，并在 6.7 规定的检验中不得出现以上现象。

5.2.6 头盔吸收碰撞能量性能

以传递到头型上的加速度及其作用时间衡量，检验按照 6.7 规定的方法进行。

5.2.6.1 全盔

(a)加速度峰值不超过 300g；

(b)加速度超过 150g 的作用时间应小于 4ms。

5.2.6.2 半盔

(a)加速度峰值不超过 400g；

(b)加速度超过 200g 的作用时间应小于 2ms；

(c)加速度超过 150g 的作用时间应小于 4ms。

5.2.7 头盔耐穿透性能

按照 6.8 规定的方法进行检验，钢锥不得穿透头盔与头型产生接触。

……

8. 标志、包装、运输和贮存

8.1 标志

每顶头盔应有以下标志：

(a)产品名称；

(b)生产厂名称和厂址；

(c)商标；

(d)产品种类；

(e)产品型号、规格；

(f)生产日期、产品批号或编号；

(g)产品生产许可证编号；

（h）合格标志。

8.2 包装、运输和贮存

8.2.1 产品包装箱上应有 8.1 规定的有关标志。

8.2.2 产品在运输和贮存时要注明防止碰撞、受潮和有机化学物品的侵蚀等事项。

8.2.3 应附产品中文使用说明书，至少应说明以下几点内容：

（a）应提醒购买者挑选适合自己头型尺寸的合格的头盔；

（b）使用时必须系紧系带；

（c）头盔如果发生过一次较大撞击事故，应停止使用或送工厂鉴定其是否可继续使用；

（d）注意保管，不要用有腐蚀性溶剂清洗头盔外表，不要撞击头盔；

（e）使用期限由工厂根据产品情况提出。

（节选自《摩托车乘员头盔国标标准》GB811—2010）

第五章
外卖小哥权益保护案例解析

1. 劳动关系还是劳务关系

[案例]

王某大专毕业后,一时找不到工作,在朋友的推荐下,替某知名外卖平台送餐,没有底薪,报酬为送单提成,每单提成5~10元,双方没签订劳动合同。王某辛苦工作,每月能挣5000元左右,加之这种用工方式灵活,时间可自由支配,王某对此工作非常满意。某天晚上,因天雨路滑,送餐途中为避让行人,王某不小心撞到一根电线杆上,头破血流,经紧急抢救,王某共花费2万元。事后王某要求平台承担部分医药费,但平台置之不理,认为双方是劳务关系,不是劳动关系,王某提供劳务,公司支付报酬,没有义务承担王某其他意外事故,自己不小心撞到电线杆,应找电线杆管理者索赔。

[解析]

双方争议的焦点是王某到底是劳动关系还是劳务关系上,如果是劳动关系,则王某在送餐途中出现意外,医药费理应由公司承担,但由于王某与外卖平台并没签订劳动合同,仅通过平台发布的信息抢单派送，其上班形式灵活，干与不干、干多干少全凭自己心意，平台并不干涉，也没有上班时间考核要求，这是"互联网+"新形势下的网约工。目前国家对这些网约工到底如何认定劳动关系并无明文规定，因此如何认定双方劳动关系，争议很大。

前文已经分析，目前外卖平台为节约成本，专送外卖员很少，大多采用众包形式，即大量招聘兼职外卖员，不与外卖小哥签订劳动合同，最多只是签个书面协议，多是口头协议，而外卖小哥也对是否签订劳动合同不太在意，因为没有多少人会将此工作当做一辈子的职业。一些外卖小哥从自己职业发展考虑，不太愿意签订劳动合同，随时想跳槽离去，只有在出了交通等意外事故后，才想到签订劳动合同的重要性。

确定民事主体之间的权利义务关系，不能单纯依据外在表象来推定，而应根据事实与法律规定来认定。从目前双方法律关系来看，王某与外卖平台不构成劳动关系，而应以劳务关系来认定。

目前对于劳动关系的确认依据是 2005 年原劳动和社会保障部发布的《关于确立劳动关系有关事项的通知》，从双方主体资格、劳动者是否服从单位管理、劳动者提供的劳动是否属于单位业务组成部分三个方面来认定劳动关系。王某通过平台自主决定是否接单并送餐，平台对其工作量没有考核机制，完成多少单发多少工资，时间灵活，用工形式随意。当然，王某在配送中也要接受平台的管理与考核，遭受客户投诉平台将对其罚款。王某与配送平台系通过互联网建立的一种新型用工关系，符合劳务关系的特点。

《侵权责任法》第三十五条规定："个人之间形成劳务关系，提供劳务一方因劳务造成他人损害的，由接受劳务一方承担侵权责任。"综上，王某因与平台不是劳动关系，无法获得工伤待遇，但是由于存在劳务关系，发生意外事故，可要求平台根据其个人的过错程度，承担相应的雇主责任。

2. 劳务合同和劳动合同的区别

[案例]

农民工丁某从广东返乡后，应聘到家乡一家餐饮物流公司，专门为某平台送外卖，但该公司与他签订的是劳务合同，而之前丁某在广东某鞋厂签订的是劳动合同，物流公司也不为他交纳社保，对于这两种性质的合同，丁某摸不着头脑。

[解析]

对于劳务合同和劳动合同，劳动者既要谨慎区分，也要根据合同的具体履行情况学会保护自己的合法权益，不能仅以合同的表面形式简单判断。许多劳动者分不清劳务合同和劳动合同，并且容易发生两种错误认识。

第一种认为，两者没有什么区别，都是劳动者提供劳动，单位支付报酬，因此，签什么合同都一样，双方都构成了劳动关系。另一种则认为，只要合同上写的是劳务合同，就不存在劳动关系，不受劳动法的保护。

基于第一种认识，很多劳动者在与单位发生争议的时候首先想到的是去劳动仲裁，但对于签订劳务合同的劳动者，被告往往不受劳动争议仲裁委员会的管辖，应按照合同法到法院提起民事诉讼。基于第二种认识，劳动者虽然与单位形成了事实上的劳动关系，但因为签订的是"劳务合同"而不是"劳动合同"，所以在面临自己劳动权益受到损害的时候，也只能自认倒霉，不愿意主动提起劳动仲裁。

事实上，一方面，劳务合同与劳动合同在形式上有本质的区别，两种合同往往对应着两种截然不同的法律关系，另一方面，对于合同双方的法律关系，又不能仅仅从合同本身的形式来进行区分。

第一，劳务合同的双方有可能都是自然人，或都是法人，而劳动合同双方一方只能是自然人，另一方则是除自然人之外的用工主体，主要是法人或非法人单位。

第二，劳务合同受民法通则和合同法的调整，而劳动合同受劳动法、劳动合同法的调整。

第三，劳务合同双方是平等的民事主体关系，而劳动合同双方在合同签订后存在隶属关系，劳动者需服从单位的管理和支配。

第四，合同内容不同。劳务合同内容主要是双方平等协商后的合意性条款，劳动合同的内容则更多的是法定性条款，其选择范围远小于劳务合同。具体来说，劳务合同的内容相对简单，主要是约定有关的工作内容和劳务报酬，而劳动合同还包括劳动者的保险、岗位等事项。

第五，争议处理方式不同。劳务合同一般通过法院诉讼解决（如果约定了仲裁条款，也可仲裁），而劳动合同必须先通过劳动争议仲裁委员会的仲裁，对裁决不服的才能起诉到法院，对于部分情形的裁决甚至可以一裁终局。

从以上区别看出，混淆两种合同性质，有可能使劳动者失去劳动法的保护，不利于劳动者维护自身的合法权益。

签订劳务合同或劳动合同，必然涉及劳务关系和劳动关系，尽管只一字之差，可相关待遇却相差甚远。

（1）劳动关系适用《劳动法》和《劳动合同法》，而劳务关系则适用《民法典》。

（2）劳动关系主体与劳务关系主体的区别。劳动关系的一方是用人单位，另一方必然是劳动者；劳务关系的主体是平等主体，当事人双方既可以是自然人，也可以是单位和个人。

（3）劳动关系中，用人单位和劳动者之间存在隶属关系，当事人之间的地位是不平等的，而在劳务关系之中当事人之间是一种平等的关系，不存在隶属的情况，劳务关系主体之间只存在财产关系。

（4）在当事人之间的权利、义务关系方面，劳动关系中用人单位必须按照法律或规章的规定为劳动者办理社会保险，而在劳务关系中用人者不负有为提供劳务者办理社会保险的法定义务，劳务关系中的自然人，一般只获得劳动报酬。

（5）用人单位解除劳动关系，应当向劳动者支付经济补偿金，而解除劳务关系，没有这些法定的经济补偿金，只能根据民事法律和双方的劳务合同约定执行。

3. 如何处理劳动争议

[案例]

大明是一家网络餐饮配送公司的配送员，在该单位工作了两年之久。上月，因为公司注册地经济较为落后，消费量不够，公司效益不好，综合考虑，公司准备搬到另一繁华热闹片区去拓展业务。大明嫌路远不愿随公司搬迁，要求离职，并向公司提出离职经济补偿金，以及足额补交两年的个人社保费用。但公司认为大明属自身原因离职，公司自由搬迁是正常经营行为，不愿发放离职补偿金，至于社保，公司已按当地最低标准交了两年社保，况且大明在职时不找公司，现在离职了却找公司扯皮，明显是讹诈公司。双方协商不了，大明想找有关部门投诉，却不知"有关部门"在哪里？

[解析]

大明与公司就离职待遇出现了劳动争议，出现劳动争议一般该如何解决呢？

劳动争议是指劳动关系双方当事人因劳动权利和劳动义务所发生的争议。劳动争议产生的前提条件是建立劳动关系。产生劳动争议的主要原因包括以下几个方面：①由于录用、辞职、自动离职和开除、除名、辞退就业者引起的争议。②由于劳动报酬问题引起的争议。

③由于劳动保险和生活福利问题引起的争议。④由于职业技能培训问题引起的争议。⑤由于工作时间、休息时间、女工及未成年人保护、劳动安全与卫生问题引起的争议。⑥由于奖励和处罚问题引起的争议。⑦由于履行、变更、解除和终止劳动合同引发的争议。⑧其他有关劳动权利、义务问题引发的争议。

出现劳动争议以后，应积极地寻求解决途径。我国的《企业劳动争议处理条例》第6条规定，解决劳动争议的办法有四种：①与用人单位协商解决。一般劳动争议如果能够协商解决最好，协商解决不成再想其他途径。②协商没有解决的，向劳动争议调解委员会申请调解。劳动争议调解委员会一般设在企业工会委员会。③调解没有解决的，向劳动争议仲裁委员会申请仲裁。仲裁委员会的办事机构一般设在县、市、区的劳动局。④仲裁没有解决的，向法院提起诉讼。

根据《劳动法》《中华人民共和国企业劳动争议处理条例》及原劳动部《关于劳动争议仲裁工作几个问题的通知》等有关规定，劳动者与用人单位发生下列劳动争议，可以向劳动争议仲裁委员会提出仲裁申请：①因企业开除、除名、辞退职工和职工辞职、自动离职发生的争议。②因执行有关工资、保险、福利、培训、劳动保护的规定发生的争议。③因履行、解除、终止劳动合同发生的争议。④因认定无效劳动合同、特定条件下订立劳动合同发生的争议。⑤因职工流动发生的争议。⑥因用人单位裁减人员发生的争议。⑦因经济补偿和赔偿发生的争议。⑧因履行集体合同发生的争议。⑨因用人单位录用职工非法收费发生的争议。⑩法律、法规规定应当受理的其他劳动争议。

由此，大明由于辞职引发的劳动争议，因为无法协商一致，他可以向劳动争议仲裁委员会申请仲裁。仲裁没有解决的，可继续向法院提起诉讼。需要注意的是，大明如果对仲裁裁决不服，可以自收到仲裁裁决之日起15天内向法院提起诉讼；如果用人单位在收到仲裁裁决之日起 15 天内未向法院提起诉讼，并且逾期不履行仲裁裁决，劳动者可以向法院申请强制执行。

4. 用人单位承担主体责任，外卖平台无须赔付

[案例]

甲公司是某头部外卖平台在当地的配送商，因业务量扩大，甲公司聘任丁某为公司的兼职配送员。2021 年 10 月，因当天送餐任务繁重，丁某在送餐途中，迎面将行人王大爷撞伤，送医院后共花掉医药费 3 万元。甲公司让丁某找外卖平台，说自己是小公司，无力承担此笔巨额医药费，而外卖平台是大公司，此笔钱对它来说是九牛一毛。老板还威胁说如果找他，就倒闭或关门跑路，到时丁某连工资也别想拿。

[解析]

目前许多外卖平台为扩大业务，有效规避用工风险，在二三线地区广泛与当地的物流配送商合作，将配送业务全部委托给当地的配送商，双方就配送收入进行分成，而用工等一切事务均由当地配送商负责，外卖平台只提供信息居间服务，配送商按外卖平台的信息要求将餐食送到消费者手中，除工作要求外，平台不承担外卖员的其他管理任务。

《劳动法》第三条规定："劳动者享有平等就业和选择职业的权利、取得劳动报酬的权利、休息休假的权利、获得劳动安全卫生保护的权利、接受职业技能培训的权利、享受社会保险和福利的权利、提请劳动争议处理的权利以及法律规定的其他劳动权利。"即给予员工劳动保护是用人单位的法定义务，而《劳动合同法》第五十八条也指出："劳务派遣单位是本法所称用人单位，应当履行用人单位对劳动者的义务。"外卖平台只是用工单位，用人单位为甲公司，丁某并非平台招聘，因此丁某不能因为外卖平台钱多，就将责任甩到其头上。丁某应该找甲

公司协商，双方根据事故责任大小，由甲公司承担其相应的赔偿责任。

5. 保险公司应继续理赔

［案例］

周某从原单位离职后，为生活需要，临时找了一份外卖配送工作，考虑到外卖配送工作经常发生各种交通意外事故，家人遂为他买了一份意外伤害保险。保险合同约定，若周某遭遇外来的、突发的、非本意的、非疾病的伤害，保险公司应当承担全部医疗费用。周某工作半年后，某次因与小轿车抢行，被小轿车撞伤，对方司机赔偿了全部的医疗费用。家人建议周某向保险公司继续索要意外伤害金，而保险公司认为周某的医疗费用已由小轿车司机赔付了，保险理赔实行"损失补偿原则"，拒绝向周某理赔。

［解析］

保险公司的解释不对。法律规定，"损失补偿原则"只能适用于财产保险，国家出台此规定主要是防止有人故意损毁财物进而向多个保险公司索要赔偿达到不劳而获的目的。而意外伤害保险是指投保人缴纳一定数额的保险费，保险人在被保险人在保险期内遭受特定意外伤害事故而受伤或死亡时，给付保险金的保险。人的生命毕竟无价，尤其是人的生命还关系一个家庭乃至国家未来，因此国家鼓励个人为意外伤害投保，并可从各个险种中获得多项保险金。法律并未禁止投保人因意外伤害得到侵权人的理赔后，再向保险公司索赔的规定。因此，周某此项行为正当，在得到小轿车的赔付后，他可继续向保险公司索赔，不过，周某要提交由交警开具的交通事故认定书，确定与小轿车司机的责任大小，此将成为保险公司支付赔偿的依据。

6. 餐厅应承担赔偿责任

［案例］

2021 年 8 月，某社区餐厅的朱老板为节约成本，雇请邻居肖大爷为其送餐，送餐范围为本小区及邻近两个小区，朱老板约定肖大爷只在下午及双休、节假日等黄金时间上班，每月支付肖大爷1500元。肖大爷退休后也想挣点烟钱，加之工作也不累，于是爽快同意了。某天，肖大爷在为小区住户送餐时，由于没看清楼梯，失足从六楼滚落到五楼，并因此导致右手骨折，前后花去1万元医疗费用。肖大爷认为是自己的原因，就没找朱老板理论，可子女认为肖大爷是在工作期间出事，应属工伤，餐厅应报销他全部医药费，另外，肖大爷工资也低于本市最低工资标准，理应补齐。朱老板却一口拒绝了肖大爷子女提出的各种要求。

[解析]

首先，由于肖大爷是退休之后发挥余热，不属于劳动关系，属于雇佣关系(劳务关系)，即肖大爷提供劳动，朱老板支付报酬。

《工伤保险条例》规定享受工伤保险待遇的前提是双方存在劳动关系，只有构成劳动法意义上的劳动关系，才能依法进行实体审查并做出是否认定为工伤的决定。如果不具备上述条件则不能认定为工伤，被侵害主体也就不能获取工伤保险的各种待遇，从而防止社会保险基金的不当支付。依据《工伤保险条例》的规定，用人单位必须依法为劳动者参加工伤保险，按时缴纳保险费，用人单位没有为劳动者依法缴纳社会保险属于违法行为。出现工伤的，受伤职工可以按《工伤保险条例》的规定要求工伤待遇，其各种费用，按标准从工伤保险基金中支付。如果用人单位没有为职工缴纳工伤保险，则应由用人单位承担或赔偿全部的工伤待遇。

朱老板聘请退休的肖大爷送餐不构成劳动关系，因此肖大爷发生意外事故，不适用《工伤保险条例》，其遭受的意外伤害不能叫做工伤，只能叫人身损害，因双方存在劳务关系，肖大爷完全可以要求侵权方对其进行人身损害赔偿。

　　根据最高人民法院《关于审理人身损害赔偿案件适用法律若干问题的解释》第十一条规定，雇员在从事雇佣活动中遭受人身损害，雇主应当承担赔偿责任。雇佣关系以外的第三人造成雇员人身损害的，赔偿权利人可以请求第三人承担赔偿责任，也可以请求雇主承担赔偿责任。雇主承担赔偿责任后，可以向第三人追偿。本案中，朱老板与肖大爷之间存在雇佣关系，且肖大爷的伤害发生在根据朱某的指示、履行送餐职务的过程中，而肖大爷并不希望也没有放任自己受到伤害，所以朱老板不得借口自己没有任何过错而推卸赔偿责任。

　　工伤与人身损害赔偿两者有区别：(1)责任主体不同。工伤赔偿的主体一般指企业和个体经济组织，签订了正式劳动合同。人身损害赔偿的主体一般是个体户等，没有正式劳动合同，或仅有口头协议。(2)责任大小有区别，工伤保险实行无过错原则，即不管雇员是否有责任，其伤害均由工伤保险基金支付，而人身损害赔偿则按各方责任大小区分，如果事故完全是由当事人自身原因引起的，则雇主完全不用承担责任。(3)处理程序不同。工伤调解不成，必须经过劳动争议仲裁才能诉讼(仲裁前置)，而人身损害赔偿可直接通过诉讼解决。(4)赔偿范围和标准不同。工伤赔偿，旨在保障劳动者的最低生活，其赔偿的范围仅限于人身伤害，而人身损害赔偿在于填补受害人的损害，赔偿范围包括所受损害和利益等，一般较重。

　　与工伤赔偿标准相比，人身损害赔偿标准明显加重了企业的责任。例如：工伤保险由工伤保险基金承担，人身损害赔偿由企业承担；人身损害中的伤残补偿与死亡补偿标准高于工伤中的标准；人身损害赔偿包括精神损失，工伤赔偿则不包括。

　　另外，关于城市最低工资标准，它针对有劳动关系且提供正常劳动的劳动者而言，此案中，肖大爷仅是退休后发挥余热，属半劳动性质，且已领取了退休金，不属于享受城市最低工资保障的行列。

7. 生死合同无效

[案例]

谢某手部残疾，一直未找到工作，其父亲找到开餐馆的亲戚刘老板，提出让谢某给餐馆送餐的想法。刘老板迫于面子，答应让谢某送餐，但为了规避风险，刘老板拿出一份事先打印好的协议，要求谢某签字，协议中有一条：本公司已尽到安全管理及提醒责任，凡在送餐途中发生意外伤亡事故等，由本人自行承担，概与本餐厅无关，本餐厅不承担任何责任。谢某一心想快点工作，又想到这种事不可能发生在自己身上，就违心地签字同意了。谁知，工作一周后，一次送餐途中，谢某一脚踏空，从楼梯上掉下摔伤了。家属找餐厅讨要赔偿，老板拿出谢某签订的协议，认为自己好心帮助谢某，正常情况下不可能让谢某送餐，现既然协议已约定了免责条款，双方就应按协议行事，拒绝了家属的各种要求。后经劳动仲裁机构裁定，确定该条款无效，要求刘老板答应谢某家属提出的合理要求。

[解析]

这是一起因用人单位不按《劳动法》的有关规定履行安全管理义务，妄图以与劳动者约定"工伤概不负责"之类的"生死条款"来逃避责任。这类约定因违反《劳动法》，属无效劳动合同，即使已经写进合同里，双方已经签字，也是无效的。签订这类合同的多见于建筑、采石等从事高度危险作业的单位。这类企业劳动保护条件差，隐患多，设施不全，生产中极易发生伤亡事故。近年来，由外卖小哥引发的交通安全事故不断上升，一些小型配送公司无力承担赔偿损失，于是采取这种协议妄图规避自己的相关责任和风险。

无效劳动合同是指所订立的劳动合同不符合法定条件，或者不具备法律效力。无效劳动合同从订立的时候起就没有法律约束力。《劳动法》第十八条规定的全部无效劳动合同包括两种：（1）违反法律和行政法规的劳动合同；（2）采取欺诈或威胁等手段订立的劳动合同。另外还有一种部分无效的劳动合同，是指部分条款无效的合同。确认劳动合同部分无效的，如果不影响其他部分的效力，其余部分仍然有效。

劳动合同是不是有效不能由双方当事人来认定，而应由劳动争议仲裁委员会或人民法院来认定。如果是因为用人单位的原因签订了无效劳动合同，并且对务工者的工资收入造成损失的，除了按照务工者应该得到的工资收入给予补偿之外，还要按规定支付各种赔偿。

劳动仲裁是指由劳动争议仲裁委员会对当事人申请仲裁的劳动争议的公断与裁决。劳动争议发生后，当事人可以向本单位劳动争议调解委员会申请调解；调解不成，当事人一方要求仲裁的，可以向劳动争议仲裁委员会申请仲裁。当事人一方也可以直接向劳动争议仲裁委员会申请仲裁。对仲裁裁决不服的，可以向人民法院提起诉讼。按照《劳动法》规定，提起劳动仲裁的一方应在劳动争议发生之日起60日内向劳动争议仲裁委员会提出书面申请。除非当事人是因不可抗力或有其他正当理由，否则超过法律规定的申请仲裁时效的，仲裁委员会不予受理。

8. 工伤事故保险待遇有哪些

[**案例**]

朱某在某外卖平台送餐已达3年，因表现优秀，经考核由众包骑手升级为公司专营骑手，成为公司正式员工。不巧的是，朱某成为自营骑手不到半年，某次夜里送餐时，兜里手机突然响起，朱某边骑车边接电话，没料地上有一个丢弃的铁疙瘩，朱某车速过快，重重摔在地上，手臂摔断了。朱某被朋友送到医院治疗，外卖平台除送了3000元营养费外，再没送钱，对其不管不问。朱某出院后遂到法院投诉，要求公司赔偿其所有损失。

[解析]

本案例中，朱某成为外卖平台自营骑手，签订了劳动合同，朱某在送餐工作中出现意外事故，尽管自身有责任，但根据工伤事故不追究过错原则，朱某应享受工伤待遇。

现实情况是，许多企业，为了眼前利益，或为了节约成本，不按国家要求为职工交纳工伤事故保险金，职工出现了重大意外事故，眼见赔偿金额过大，才悔不当初，为减少损失，于是摆出种种理由耍赖，拒绝承担企业责任。

《工伤保险条例》规定，用人单位必须依法为劳动者办理工伤保险，按时缴纳保险费，用人单位没有为劳动者依法缴纳社会保险属于违法行为。

《工伤保险条例》同时规定，依法缴纳工伤保险的，发生工伤后所产生的工伤保险待遇的费用，从工伤保险基金支付。如果没有依法为劳动者缴纳的，由该用人单位按照条例规定的工伤保险待遇项目和标准支付费用，

另外，鉴于目前一些企业不与职工签订劳动合同的情况，国家规定，即使用人单位不与劳动者签订劳动合同，但劳动者能够证明存在事实劳动关系的，也一样享受《工伤保险条例》中约定的工伤保险待遇。

工伤保险制度是我国政府推行的具有强制性、福利性的社会保障制度，待遇"上不封顶"，多至几百万元，甚至上千万元。

《工伤保险条例》第十四条规定，职工有下列情形之一的，应当认定为工伤：（1）在工作时间和工作场所内，因工伤原因受到事故伤害的；（2）工作时间前发生在工作场所内，从事与工作有关的预备性或者收尾性工作受到事故伤害的；（3）在工作时间和工作场所内，因履行工作职责受到暴力等意外伤害的；（4）患职业病的；（5）因工外出期间，由于工作原因受到伤害或者发生事故下落不明的；（6）在上下班途中，

受到机动车事故伤害的；（7）法律、行政法规规定应当认定为工伤的其他情形。

根据《工伤保险条例》及相关文件规定，职工因工致残被鉴定为一级至四级伤残的，工伤保险基金应支付以下待遇：（1）工伤医疗及康复费用；（2）辅助器具安装、配置费；（3）一次性伤残补助金；（4）伤残津贴；（5）生活护理费。按月领取的伤残津贴和生活护理费还将随着社会生活水平的提高而提高。工伤人员将来死亡后，其直系亲属还可领取丧葬补助费，若其配偶达到55周岁没有生活来源，还可每月领取供养亲属抚恤金至终生。

工伤保险在工伤医疗上，没有"起付线"，即没有最低限额的规定，符合工伤治疗规定和药品目录的治疗费用，工伤保险基金可全额支付。工伤保险没有自付比例的规定，符合规定的医疗费用可全部予以报销。对于工伤职工来说，不论是大事故，还是小伤害，工伤保险都给了他们全面的保障。同时工伤保险实行"无过错责任原则"，即劳动者负伤后，不管过失在谁，只要事故不是由于劳动者本人的故意行为所导致，工伤职工均可获得补偿，以保障其基本生活。无过失责任原则是工伤保险实行的一个特殊原则，体现了对工伤职工的倾斜和保护。

但劳动者必须注意的是，如果个人申请工伤认定，应在工伤发生后的1年内进行申请，工伤认定及工伤等级必须由劳动保障部门进行工伤认定并发放工伤证，单位或个人所作的工伤认定无效。

朱某的工伤待遇标准为：

工伤事故赔偿计算公式：

（1）医疗费赔偿金额 ＝ 诊疗金额+药品金额+住院服务费金额。

（依据工伤保险诊疗项目目录，工伤保险药品目录，工伤保险住院服务标准）。

（2）住院伙食补助费赔偿金额 ＝ 因公出差伙食补助标准（元/人/

天)×70%×人数×天数。

（3）交通食宿费赔偿金额 = 交通费+住宿费+伙食费。

（4）辅助器具费赔偿金额 = 普通适用器具的合理费用×器具数量。

（5）护理费赔偿金额 = 统筹地区上年度职工月平均工资（元/月）或50%（完全不能自理）或40%（大部分不能自理）或30%（部分不能自理）。

（6）伤残补助金赔偿金额 = 本人工资（元/月）×24（1级伤残）或22（2级伤残）……6（10级伤残）。

（7）伤残津贴赔偿金额 = 本人工资（元/月）×90%（1级）；85%（2级）……75%（4级）。

（8）一次性工伤医疗补助金、伤残就业补助金（由省、自治区、直辖市人民政府规定）。

（9）丧葬补助金赔偿金额 = 统筹地区上年度职工月平均工资（元/月）×6。

（10）供养亲属抚恤金赔偿金额 = 工亡职工本人工资（元/月）×40%（配偶）或30%（其他亲属）（孤寡老人或孤儿在上述标准上增加10%）。

（11）一次性工亡补助金赔偿金额 = 统筹地区上年度职工月平均工资×（48到60个月）。

9. 交通伤害事故赔偿标准包括哪些

[案例]

去年8月，小华在送外卖过程中，后方车辆因避让横穿马路的行人，猛打方向盘右转，正好撞翻了正常行使的小华，不但餐食全撞翻了，小华也被小车撞了好几米远。由于小华戴着眼镜，撞破的镜片不巧刺进了眼眶，导致小华左眼失明。此次事故交警判司机全责。在医院躺了一星期后，小华知道无法再去送外卖了，今后职业生涯也将断送，于是希望此次交通事故肇事司机能够多赔自己一些钱，却对到底能拿到多少赔偿款心里没底。

[解析]

车祸猛于虎，外卖小哥长期奔波在送餐的道路上，难免会发生交通事故。一些外卖员为多抢单，多挣钱，不注意交通安全，争道抢行，乱冲乱撞，发生交通事故后才悔不当初。

发生交通事故，交警一般要进行交通事故认定，划分双方责任，按照各自责任大小，赔偿对方相应损失。现实中，由于外卖员是弱势群体，因此即使自身存在较大过错，也能得到一定的赔偿。

具体到本案例，交通伤害事故赔偿项目一般包括：①医疗费，②误工费，③护理费，④营养费，⑤交通费，⑥残疾辅助器具费，⑦残疾赔偿金，⑧被抚养人生活费，⑨死亡赔偿金，⑩丧葬费精神损害抚慰金。其计算方法为：

(1)医疗费赔偿金额为医疗期间实际花费的数额

根据最高人民法院《关于审理人身损害赔偿案件适用法律若干问题的解释》(以下简称《最高院解释》)第19条规定：医疗费根据医疗机构出具的医药费、住院费等收款凭证，结合病历和诊断证明等相关证据确定，赔偿义务人对医疗的必要性和合理性有异议的应当承担相应的举证责任。"医疗费赔偿数额，按照一审法院辩论终结前实际发生的数额确定，器官功能恢复训练所必要的康复费、适当的整容费以及其他后续治疗费，赔偿权利人可以待实际发生后另行起诉，但根据医疗证明或者鉴定结论确定必然发生的费用，可以与已经发生的医疗费一并予以赔偿。"

计算公式为：医疗费赔偿金额=诊疗费+医药费+住院费+其他。

(2)误工费赔偿金额的计算公式

有固定工资的：误工费赔偿金额=误工时间(天)×收入水平(元/天)。

无固定工资的又分两种情况：

第一种情况：能够证明其最近 3 年平均收入状况的，按照其最近 3 年的平均收入计算。公式：误工费赔偿金额＝误工时间(天)×最近 3 年平均收入水平(元/天)。

第二种情况：不能够证明其最近 3 年平均工资收入状况的，公式为：误工费赔偿金额＝误工时间(天)×相关、相近行业上一年的职工平均工资(元/天)。

《最高院解释》第 20 条规定："误工费根据受害人的误工时间和收入状况确定。""误工时间根据受害人接受治疗的医疗机构出具的证明确定。受害人因伤残致持续误工的，误工时间可以计算至定残日前一天。"伤残评定时间，按照国家标准《道路交通事故受伤人员伤残评定》(GB/T18667—2002)的有关规定确定。目前公安部正在起草《人身损害受伤人员误工损失日评定准则》，待其发布后，即可按其规定计算误工时间。

"受害人有固定收入的误工费，按照实际减少的收入计算。受害人无固定收入的，按照其最近 3 年的平均收入计算；受害人不能举证证明其最近 3 年的平均收入状况的，可以参照受诉法院所在地相同或者相近行业上 1 年度职工的平均工资计算。"

(3)护理费赔偿金额的计算公式

有固定收入的按照误工费标准计算；

无固定收入的公式为：护理费赔偿金额＝同级别护理劳务报酬×护理期限。

《最高院解释》第 21 条规定："护理费根据护理人员的收入状况和护理人数、护理期限确定。"

(4)残疾赔偿金的计算公式

第一种情况：60 周岁以下人员的残疾赔偿金＝受诉法院所在地上

一年度城镇居民人均可支配收入(农村居民人均纯收入)标准×伤残系数×20 年；

第二种情况：60~75 周岁人员的残疾赔偿金＝受诉法院所在地上一年度城镇居民人均可支配收入(农村居民人均纯收入)标准×伤残系数×[20-(实际年龄-60)]年；

第三种情况：75 周岁以上人员的残疾赔偿金＝受诉法院所在地上一年度城镇居民人均可支配收入(农村居民人均纯收入)标准×伤残系数×5 年。

伤残系数，伤情评定为一级伤残的，按全额赔偿，即 100%；2 至 10 级的，则以 10%的比例依次递减。多等级伤残者的伤残系数计算，参照《道路交通事故受伤人员伤残评定》(GB/T18667—2002)附录 B 的方法计算。

《最高院解释》第 25 条中规定："残疾赔偿金根据受害人丧失劳动能力程度或者伤残等级，按照受诉法院所在地上一年度城镇居民人均可支配收入或者农村人均纯收入标准，自定残之日起按二十年计算。但六十周岁以上的，年龄每增加一岁减少一年，七十五周岁以上的，按五年计算。"

(5)被抚养人生活费赔偿金额的计算公式

不满 18 周岁的人员被扶养人生活费＝城镇居民人均消费性支出(农村人均年生活消费性支出)×(18-实际年龄)；

18~60 周岁被扶养人无劳动能力又无其他生活来源的生活费＝城镇居民人均消费性支出(农村人均年生活消费性支出)×20 年；

60~75 周岁被扶养人无劳动能力又无其他生活来源的生活费＝城镇居民人均消费性支出(农村人均年生活消费性支出)×[20-(实际年龄-60)]年；

75 周岁以上被扶养人无劳动能力又无其他生活来源的生活费＝城

镇居民人均消费性支出(农村人均年生活消费性支出)×5 年;

有其他扶养人时,赔偿义务人承担的被扶养人生活费=被扶养人生活费÷扶养人数;

被扶养人有数人时,赔偿义务人承担的年赔偿总额≤城镇居民人均消费性支出(农村居民人均年生活消费性支出)。

(6)死亡赔偿金

60 周岁以下人员的死亡赔偿金=上一年度城镇居民人均可支配收入(农村居民人均纯收入)×20 年;

60~75 周岁人员的死亡赔偿金=上一年度城镇居民人均可支配收入(农村居民人均纯收入)×[20-(实际年龄-60)]年;

75 周岁以上人员的死亡赔偿金=上一年度城镇居民人均可支配收入(农村居民人均纯收入)×5 年。

《最高院解释》第 29 条规定:"死亡赔偿金按照受诉法院所在地上一年度城镇居民人均可支配收入或农村人均纯收入标准,按二十年计算。但六十周岁以上的,年龄每增加一岁减少一年;七十五周岁以上的,按五年计算。"

(7)丧葬费赔偿金额的计算公式

丧葬费赔偿金额=受诉法院所在地上一年度职工月平均工资×6 个月。

《最高院解释》第 27 条规定:"丧葬费按照受诉法院所在地上一年度职工月平均工资标准,以六个月总额计算。"

(8)精神损害抚慰金的计算公式

《最高人民法院关于确定民事侵权精神损害赔偿责任若干问题的解释》第 9 条规定:"精神损害抚慰金包括以下方式:

(1)致人残疾的,为残疾赔偿金;

(2)致人死亡的,为死亡赔偿金;

（3）其他损害情形的精神抚慰金。

第 10 条规定：精神损害的赔偿数额根据以下因素确定：

（1）侵权人的过错程度，法律另有规定的除外；

（2）侵害的手段、场合、行为方式等具体情节；

（3）侵害行为所造成的后果；

（4）侵权人的获利情况；

（5）侵权人承担责任的经济能力；

（6）受诉法院所在地平均生活水平。

10. 达成协议后仍可进行追加赔偿

[案例]

小王某次在给一棚户区住户送餐时，不慎从三楼摔下，手部及背部多处骨折。配送公司对小王受伤一事一直装聋作哑，后小王向报社记者投诉后，配送公司为息事宁人，答应补偿小王 2 万元医疗费，双方互不追究。小王回家后，叔叔认为补偿过低，要求配送公司追加医疗费，而配送公司以双方已达成协议为由，不予理睬。法院受理小王的诉讼后，经过审理，依照申诉人的伤残级别，根据国家工伤保险相关规定，要求配送公司再支付小王 3 万元。

[解析]

根据民法规定，平等主体的公民和法人之间的协议必须遵循公平、合法性原则协商订立，显失公平的协议自订立起即不具有法律效力。本例中，工伤事故受害人小王，在与用人单位协商处理工伤善后事宜中，虽与配送公司签订了调解协议，但其所获赔付金额明显低于工伤保险政策中规定的标准，显失公平。工伤职工及其家属仍可以在法定仲裁时效内，向当地劳动争议仲裁机关提起申诉，要求用人单位依照工伤保险相关规定予以补差。劳动争议仲裁部门经审查发现申诉属实的，应依法予以立案和支持。

11. 要求冒险作业可申请解除劳动合同

[案例]

外卖小哥小周为某外卖平台加盟商的送餐员，公司指派他为某单位一次性派发20单会议工作餐，但前几天刚下了大雪，路面结了一层厚冰，电动自行车根本无法上路行使，且天气预报当天有八级大风，小周遂以大风难行、路面结冰、电动自行车无法行使且该单位路途较远为由，不愿送单，但公司以人手紧张、时间紧急为由，拒绝了小周的请求，强制要求小周立即派送。小周上路不久，差点被大风刮倒，非常害怕，于是返回单位不愿派单，要求公司雇小轿车或加派人手走路送餐。公司经理威胁小周如果不派单的话要扣三天工资，且出手要打小周。小周感觉自身安全得不到保障，于是提出辞职，经理以小周私自辞职影响单位工作为由，扣留了他的当月工资。小周向劳动仲裁机构申诉后，劳动仲裁机构认定：劳动者有依法享有劳动安全的权利，认为劳动合同可依法解除，要求加盟商支付小周的当月工资，并补偿小周一定的经济损失。

[解析]

在工作中，如果用人单位强制要求劳动者冒险作业，劳动者可依法即时解除劳动合同，并不用承担各种后果。《劳动法》规定，劳动者享有平等就业和选择职业的权利，取得劳动报酬的权利、休息休假的权利以及获得劳动安全保护的权利。我国《劳动法》第五十四条规定，用人单位必须为劳动者提供符合国家规定的劳动安全卫生条件和必要的劳动防护用品。《安全生产法》规定，生产经营单位与从业人员订立的劳动合同，应当载明有关保障从业人员劳动安全、防止职业危害的事项，以及依法为从业人员办理工伤社会保险的事项。生产经营单位不得以任何形式与从业人员订立安全免责协议，免除或者减轻其对从业人员因生产安全事故伤亡依法应承担的责任。违法订立这类协议的，该协议无效，对生产经营单位的主要负责人、个人经营的投资人处以 2 万元以上 10 万元以下的罚款。

《劳动合同法实施条例》第十八条规定，有下列情形之一的，依照《劳动合同法》规定的条件、程序，劳动者可以与用人单位解除劳动合同，其中第 11 款、第 12 款规定如下：（11）用人单位以暴力、威胁或者非法限制人身自由的手段强迫劳动者劳动的；（12）用人单位违章指挥、强令冒险作业危及劳动者人身安全的。

本例中小周有安全送餐的工作权利，如果用人单位强制命令其冒险送餐，小周有权予以拒绝，并可当场提出解除劳动合同的正当要求，此举不但不构成违约，相反，小周还可要求公司就自己因提前解约所造成的损失要求单位支付其经济补偿金。

12. 暴力讨薪得不偿失

[案例]

外卖小哥小李木月按派单数量应拿到 5000 元工资，但老板以小李遭受多次客户投诉，且不服从公司管理规定为由，扣了小李 2000 元工资，其余的 3000 元工资因公司本月效益不佳，加之对骑手驿站进行了维修，开支过大，入不敷出，所以小李余下工资只能下月支付。小李不同意老板的扣薪，也不同意下月发放，协商不成的情况下，于是与自己 80 多岁的老母多次到骑手驿站门前采取静坐、拉条幅的方式讨薪，后来见没有成效，小李邀约表弟等三人将在酒店谈生意的老板"堵"住，通过暴力形式强行讨要。酒店报警后，公安机关以限制人身自由以及多次扰乱治安秩序为由将小李拘留了 10 天，老板也因随意克扣员工工资遭到了劳动保障部门的处罚，在相关部门的调解下，小李最终拿到了属于自己的合理报酬。

[解析]

遭受欠薪或扣薪是劳动者外出打工时常遇到的问题，也是社会十分关注的问题，一些劳动者因为拿不到工资或不能拿到全薪而采取静坐、示威、跳楼等极端手段进行讨薪，这种方式并不可取。面对欠薪或扣薪问题，劳动者应该学会用法律武器为自己维权。

首先，一定要签订正规合同，查清用人单位资格，莫签订用工主体不明的合同。事先了解单位名称、法人是谁等，注意与具备用工主体资格的人直接签订劳动合同，对于层层转包的公司要特别小心。在具体签订合同时，重要条款一定要在纸上约定，莫签订模糊不清的合同。根据《劳动法》和《工资支付暂行规定》等规定，工资应以人民币形式支付，且至少每月支付一次。

此外，为切实保障劳动者权益，解决工资拖欠问题，2011年《刑法修正案（八）》出台规定：以转移财产、逃匿等方法逃避支付劳动者的劳动报酬或者有能力支付而不支付劳动者的劳动报酬，数额较大，经政府有关部门责令支付仍不支付的行为构成"恶意欠薪罪"，"恶意欠薪罪"（此系百姓俗称）的正式罪名为"拒不支付劳动报酬罪"。

2015年1月6日，国家人社部与最高人民法院、最高人民检察院、公安部又联合下发了《关于加强涉嫌拒不支付劳动报酬犯罪案件查处衔接工作的通知》，进一步明确了"拒不支付劳动报酬罪"的相关内容，即在有支付能力的情况下，恶意欠薪，用人单位负责人或承包人将被追究刑事责任，构成"欠薪罪"的，一般对用人单位处以罚金，对直接负责人员（如法定代表人、人事负责人等）可处3年以下有期徒刑或者拘役；造成严重后果的，处3年以上7年以下有期徒刑。

其中"造成严重后果"是指"造成劳动者或者其被赡养人、被扶养人、被抚养人的基本生活受到严重影响、重大疾病无法及时医治或者失学的；对要求支付劳动报酬的劳动者使用暴力或者进行暴力威胁的；造成其他严重后果的"等情形。由此可见，拒不支付劳动者劳动报酬，不但要受到劳动保障部门的经济处罚，而且还要承担刑事责任，要坐牢。

因此，劳动者遭遇欠薪或无理由扣薪时，一定要通过合法途径讨薪，由国家依法依规处理。如果劳动者采取过激行为，或暴力讨薪，给单位造成了经济损失，即使最后讨回了工资，也要对单位做出赔偿，如果涉嫌违法，则自己应承担相应的违法责任，这对劳动者来说得不偿失。

13. 丈夫丧失劳动力，妻子能不管吗

[案例]

小张在某外卖平台从事送餐业务，工作了三年，每月收入有 5 千元左右，基本都寄给了在家务农的妻子。可天有不测风云，去年，小张因闯红灯，与小轿车相撞，小腿被撞成粉碎性骨折，无法再从事送餐业务，在领了一笔交通赔偿后，只能回家，基本丧失了劳动能力。由于没有收入，妻子自此不再有好脸色，两人经常吵架。妻子嫌照顾小张麻烦，索性到外地打工，基本不回家照顾小张，还准备向法院起诉要求离婚。小张不同意离婚，因妻子从不寄钱回家，他提出妻子每月应负担其生活费 1500 元。可妻子认为小张已拿了一笔 18 万元的赔偿金，完全可以充作日常生活之用，不愿承担小张的生活费。另外，她认为离婚前，小张的 18 万元交通事故赔偿金应作为夫妻共同财产进行分割。小张则认为工伤赔偿金是其个人财产，不能进行分割。

[解析]

我国 1980 年《婚姻法》规定："夫妻有互相抚养的义务。一方不履行抚养义务时，需要抚养的一方，有要求对方付给抚养费的权利。"我国 2001 年新修订的《婚姻法》仍然保留了这一规定。夫妻有互相抚养的义务，是夫妻间相互供养和互助的法定义务。它既包括经济上的供养，又包括精神上、体力上的扶助。这对于保障老弱病残者的生活，稳定家庭关系，促进社会安定和文明发展具有重要意义。根据《婚姻法》的规定，夫妻间的抚养有下列特点：

(1)夫妻间的抚养义务是基于夫妻双方婚姻的效力而产生的，是无

条件的，目的在于保障夫妻间共同生活的维持，这也是婚姻关系的必然要求。

（2）夫妻间的互相抚养既是权利也是义务，夫妻都有抚养对方的义务，也都有接受和要求对方抚养的权利。

（3）夫妻间相互抚养的义务具有法律的强制性。抚养义务不是可有可无的，而是必须履行的。否则，需要抚养的一方有权要求对方承担抚养责任。发生纠纷，可经有关部门调解，或直接向人民法院起诉。人民法院既可调解解决，也可判决强制义务人履行义务。义务人拒不履行义务，情节严重构成犯罪的，应负刑事责任。

（4）抚养的方式一般以共同生活中的抚养为主，即被抚养人与抚养人同住一起，进行直接抚养。特殊情况下可以给付金钱或实物的方式进行抚养。

本案中，小张的要求是合理合法的，在双方未离婚之前，妻子应每月支付小张生活费。

此外，关于工伤赔偿金问题。根据《婚姻法》第18条规定，有下列情形之一的，为夫妻一方的个人财产：①一方的婚前财产；②一方因身体受到伤害获得的医疗费、残疾人生活补助费等费用。因此，小张因工伤获得的18万元工伤赔偿金是身体意外伤残而获得的赔偿费，具有一定的人身专属性和依附性，应归伤残者小张个人所有，必须"专款专赔"，他人不得截留、分享。小张妻子提出离婚，要求将18万元作为夫妻共同财产平均分割的要求与法律相悖，得不到人民法院支持。

14. 怀孕期间，用人单位可否单方解除劳动合同

[案例]

李女士受朋友推荐，入职一家外卖加盟公司，劳动合同约定其工作岗位为行政内勤，每月工资3500元，主要负责公司日常行政事务以及外卖小哥的工作量统计及每月工资的核算工作。两年后，李女士怀

孕,无法承担繁重的任务,公司遂发出书面通知,宣布解除双方的劳动合同。李女士找到公司老板反复协商无果而发生纠纷。

[解析]

公司不能单方解除李女士的劳动合同。因为我国劳动法规定:任何单位不得因结婚、怀孕、产假、哺乳等情形,降低女职工的工资,辞退女职工,单方解除劳动(聘用)合同或者服务协议。但是,女职工要求终止劳动(聘用)合同或者服务协议的除外。

像李女士那样因怀孕被用人单位单方解除劳动合同发生纠纷的,该如何进行处理?这种纠纷可分两种情况进行分析:(1)如果被辞退员工不同意用人单位解除劳动合同,可主张要求继续履行合同,并可主张用人单位赔偿劳动合同解除日至恢复日之间的工资损失。(2)如果被辞退员工不要求继续履行合同而只是要求支付经济补偿金,在这种情况下,司法实践中视为由用人单位提出,经劳动合同当事人协商一致解除劳动合同。劳动者可依法要求用人单位支付解除劳动合同的经济补偿金,用人单位应根据劳动者在本单位的工作年限,每满一年发给相当于一个月工资的经济补偿金,最多不超过12个月。工作时间不满一年的按一年的标准发给经济补偿金。

此外,根据《劳动法》《女职工劳动保护规定》《女职工禁忌劳动范围的规定》,女职工在孕期应享受以下特殊保护:

(1)所在单位不得降低其基本工资或解除劳动合同。

(2)《女职工禁忌劳动范围的规定》中相关不宜从事的工作,如有毒有害气体场所,超强度体力劳动,以及高空作业等。

(3)不得在正常劳动日以外延长其劳动时间,对不能胜任原劳动的,根据医务部门证明,予以减轻或安排其他劳动。对怀孕7个月以上的女职工不得安排从事夜班劳动。

(4)定期进行产前检查,检查所费时间算劳动时间。检查费用由所在单位负担。

附　录

一、外卖配送服务规范[①]

1. 范围

本标准规定了外卖配送服务的服务机构要求，服务人员要求，服务流程、异常情况处理，服务质量控制和服务质量持续改进等事项。

本标准适用于外卖配送机构以自营物流或第三方物流方式提供的与餐饮外卖配送服务相关的活动，配送其他商品可参照执行。

2. 术语和定义

下列术语和定义适用于本文件。

2.1 外卖

以互联网或电话为媒介，连接用户与线下餐饮、零售或服务类企业，借助互联网或电话信息平台，以资源整合为核心，以用户需求为导向，为用户提供丰富的商品或服务信息以及便捷的非现场购买服务，

---

① 　本标准按照 GB/T1.1—2009 给出的规则起草。本标准由中国国际贸易促进委员会商业行业分会提出并归口。

使用户可以足不出户进行线上订餐或订购商品，并享受对应之服务。

2.2 外卖配送

为外卖(2.1)提供同城范围的点对点的物流服务，主要包括：接单、取货、配送、交货等环节。

2.3 外卖配送员

提供外卖配送(2.2)服务的从业人员。

注：也称为"骑士"。

2.4 站长

从事外卖配送员协调与管理工作的人员。

2.5 餐品

外卖配送员所配送的食品。

2.6 配送箱

用于盛装餐品并保持食物温度和鲜度，同时确保食物卫生安全的送餐装备。

注：也称为"餐箱"。

2.7 准时

用户在平台订餐后，外卖配送员在用户期望时间点将餐品送达到用户，正负误差 5 分钟。

2.8 订单准时率

准时送达的订单在总完成订单中的占比。计算方法为：(准时订单量/总完成单量)×100%。

2.9 单均配送时长

订单配送完成所用平均时长。计算方法为：完成单配送时长总和/总完成单量。

2.10 智能调度

外卖配送服务信息技术平台结合用户当前订单信息、外卖配送员运力信息，基于用户体验和信息技术平台运力效率，采用机器学习的手段，并提供一种高效物流订单分配方案。

3. 服务机构要求

3.1 资质要求

外卖配送机构应具备如下资质条件：

（a）具备企业法人资质，注册资金不低于 100 万元。

（b）具有固定办公场所。

（c）具有规模化的外卖配送员队伍。

（d）其他法律、行政法规规定外卖配送机构应具备的资质条件。

3.2 服务设施要求

3.2.1 外卖配送用车

外卖配送用车应遵守《中华人民共和国道路交通安全法实施条例》。

（a）电动自行车应符合《电动自行车通用技术条件》（GB 17761—1999）的要求。

（b）自行车应符合《自行车通用技术条件》（GB/T 19994—2005）和《自行车安全要求》（GB 3565—2005）的要求。

（c）电动自行车、自行车载物，高度从地面起不得超过 1.5 米，宽度左右各不得超过车把 0.15 米，长度前端不得超出车轮，后端不得超出车身 0.3 米。

3.2.2 配送箱

（a）配送箱材质应使用对人体完全无害，可降解可循环利用的材料，材质应为 EPP 高性能泡沫和 1680D 防水牛津布。

（b）配送箱应具有耐热性、耐低温、稳定性、缓冲性、耐腐蚀的特性，易于运输和携带。

（c）配送箱规格可分为 43L 配送箱（尺寸：内径 42×31×33cm，外径 50×40×40cm）和 18L 配送箱（尺寸：内径 34×22×24cm，外径 40×29×

32cm)。

（d）配送箱清洁、消毒频率应不低于每日 1 次。消毒后且未经使用的配送箱内表面微生物限量应符合以下指标要求：菌落总数不高于 100CFU/cm²，大肠菌群不得检出。

（e）配送箱应每年更新 1 次。

（f）配送箱宜建立一箱一码的统一编码规则，便于追溯与回收。

3.2.3 头盔

（a）头盔根据外卖配送用车类型分为电动自行车头盔和自行车头盔。

（b）头盔应符合《摩托车乘员头盔》（GB 811—2010）的要求。

3.3 信息技术服务平台要求

3.3.1 信息技术服务平台应取得电信业务经营许可证。

3.3.2 信息技术服务平台应符合《信息技术 服务管理 第 1 部分：规范》（GB/T 24405.1—2009）和《信息技术 服务管理 第 2 部分：实践规则》（GB/T 24405.2—2010）的要求。

3.3.3 信息技术服务平台应包括用户体系、商户销售体系、商业智能体系和智能调度系统。

3.3.4 信息技术服务平台应建立信息安全管理制度，采用相应的软件和硬件技术保证客户信息安全。

4. 服务人员要求

4.1 外卖配送机构应配备满足服务需求的外卖配送员、站长、调度人员、客户服务人员和信息技术平台运营维护人员等，任职要求见附录 A。

4.2 外卖配送机构在录用外卖配送服务人员时应进行必要的身份审核。

4.3 外卖配送机构应对外卖配送服务人员组织岗前培训，采用线上线下双重培训，并通过在线考试(含理论与实操)。

4.4 外卖配送机构在使用年满 16 周岁不满 18 周岁的未成年人员工时，应严格遵守《中华人民共和国未成年人保护法》的规定。

4.5 其他法律、行政法规规定的对外卖配送服务人员的要求。

5. 服务流程

用户下单、商户确认订单后，外卖配送服务流程可分为外卖配送员接单、取餐和送餐，具体要求见附录 B。

6. 异常情况处理

外卖配送取餐异常处理、送餐异常处理和紧急事件应对的要求见附录 C。

7. 服务质量控制

7.1 外卖配送机构应建立入网食品生产经营者审查登记制度、食品安全自查制度、食品安全投诉举报处理制度和食品安全违法行为制止及报告制度等。

7.2 外卖配送机构应建立质量管理体系、合规管理体系和品牌管理体系，符合《质量管理体系要求》(GB/T 19001—2016) 和 ISO 19600：2004 的要求。

7.3 外卖配送机构应建立完善质量控制体系，包括但不限于外卖配送员情况监控、城市运营情况监控、物流核心指标完成情况监控、每日订单完成情况监控、物流运营突发异常数据监控、项目执行情况监控、风险控制数据监控等。

7.4 外卖配送服务的订单准时率应不低于98%，配送时长应不超过30 分钟；因不可抗力或其他不可归责于外卖配送机构的因素除外。

7.5 其他法律、行政法规规定外卖配送机构应具备的服务质量控制措施。

8. 服务质量持续改进

8.1 外卖配送机构应按照《质量管理 顾客满意 组织处理投诉指南》（GB/T 19012—2008）的要求建立投诉处理系统。

8.2 外卖配送机构应开展服务质量评价，建立服务评价管理机制，按照《顾客满意测评通则》（GB/T 19039—2009）的要求，定期收集来自内外部的评价信息并加以分析。

8.3 外卖配送机构应分析服务质量评价结果，制定措施，持续改进，不断提升服务质量。

8.4 外卖配送机构宜按照《企业质量信用报告编写指南》（GB/T 31870—2015）的要求，定期编写并主动向社会发布企业质量信用报告，勇于树立企业形象，自觉接受社会监督。

附录 A　服务人员任职要求

服务人员	任 职 要 求
外卖配送员	应年满16周岁，身体健康
	应熟练使用外卖配送用车
	应持有劳动合同履行地的食品卫生健康证
	应熟练使用智能手机，并熟练使用即时通信软件与电子地图
站长	应年满16周岁，身体健康
	应具有外卖配送工作经验或者相关工作经验一年(含)以上
	应持有劳动合同履行地的食品卫生健康证
	应熟练操作办公软件，熟悉各项职能操作
	应具有一定的管理和协调能力
调度	应年满16周岁，身体健康
	应有大专及以上学历
	应熟练操作办公软件
	应具有数据挖掘和分析能力

续表

服务人员	任 职 要 求
客户服务人员	应年满 16 周岁，身体健康 应具有良好的语言与文字沟通能力，普通话标准 应熟练使用客户服务的设备与系统，掌握客户服务操作规程
信息技术平台 运营维护人员	应年满 16 周岁，身体健康 应具有大专及以上学历 应熟练操作、维护和管理信息技术平台 应熟悉保密法规和有关信息安全管理规定

附录 B　服务流程要求

1. 用户下单

1.1 用户通过外卖配送服务信息技术平台向商户下单。

1.2 对于线上支付的订单，用户应在下单后及时通过外卖配送服务信息技术平台完成支付。

2. 商户确认订单

2.1 商户应在用户下单后 10 分钟内确认订单。

2.2 商户应在确认订单后即刻根据订单要求制作餐品。

3. 外卖配送员接单

3.1 外卖配送员应在外卖配送服务信息技术平台派单后 5 分钟内接单。

3.2 外卖配送员若未及时接单，外卖配送服务信息技术平台应在 5 分钟时电话提醒外卖配送员；若电话提醒后外卖配送员仍未接单，站长应及时联系外卖配送员接单。

3.3 外卖配送员如遇到无法及时接单的情况，外卖配送员或外卖配送服务信息技术平台应及时联系站长改派。

4. 外卖配送员取餐

4.1 外卖配送员应在接单后即刻前往商户，抵达商户后应及时在外卖配送服务信息技术平台上确认。

4.2 外卖配送员取餐时应携带配送箱，进入餐厅后有序取餐，禁止大声喧哗或影响其他顾客选餐，过程中不得将配送箱放于地上。

4.3 外卖配送员应向商户服务人员报述订单信息，出餐后应核对内容、数量、特殊要求和金额等信息，如属于线下支付的订单，外卖配送员应在确保无误后向商户付款。

4.4 外卖配送员应将饮料汤杯等放入杯托中，将冷餐热餐用隔温板分隔，汤羹菜品宜建议商户使用保鲜膜包装后再扣盖以防止遗撒。

4.5 外卖配送员核餐完毕后，与商户服务人员当面完成餐品的封口，即使用统一设计的封口贴，完好工整地贴于包装袋打结处，同时双方签字确认。

5. 外卖配送员送餐

5.1 外卖配送员应到达订单指定位置，停车后携带配送箱上门配送。若订单指定位置为禁入地点，外卖配送员到达指定位置后，应联系用户出来取餐。

5.2 外卖配送员到达用户门口，应礼貌敲门，若无人响应，应电话或短信联系用户。

5.3 待用户开门后，外卖配送员应双手递餐，向用户报述订单信息，并当面核对餐品。如属于线下支付的订单，外卖配送员应与用户当面结清，核对无误后致谢离开。

5.4 外卖配送员不得进入用户家中、收取小费、调侃用户等。

5.5 订单如参与超时赔付活动，外卖配送员到达用户地址后（但用户不在)，应通过外卖配送服务信息技术平台即刻电话或短信联系用户，并以此时间节点作为是否参与赔付的界定基础(即以外卖配送服务信息技术平台提示为准)。线上支付则原渠道退款，线下支付则按外卖配送服务信息技术平台提示收取餐费。

附录 C　异常情况处理要求

1. 异常情况处理

1.1 因外卖配送服务信息技术平台异常导致用户订单超区，外卖配送员应反馈至调度人员，调度人员核实后取消。

1.2 外卖配送员因电动自行车没电、备用金不足、事故、订单过多等原因导致订单需要改派时，外卖配送员应向站长报告，站长结合实际情况予以改派。

1.3 因折扣、四舍五入、餐盒等原因导致价格不一致时，外卖配送员应争取按照外卖配送服务信息技术平台上的价格付款，如果商户同意，应告知商户联系客服服务人员修改；如果商户不同意，外卖配送员应向调度人员报告，同时在手机上修改订单备注，保存好有效票据，统一报给财务。

1.4 外卖配送员到达商户后，如果发现用户所点餐品商户无法提供，外卖配送员应联系或协调商户联系用户确认取消或者换餐，并将情况报给站长，由站长通过即时通信软件反馈。

1.5 如果商户出餐速度慢，外卖配送员应先打电话安抚用户，再将情况报给站长，由站长通过即时通信软件反馈，并通过外卖配送服务信息技术平台进行线上反馈。

2. 送餐异常处理

2.1 因餐品倾洒、送错或漏送导致用户退餐，外卖配送员应向站长报告，由调度人员备注处理。

2.2 取餐后联系不上用户，外卖配送员应在外卖配送服务信息技术平台上登记。

2.3 如果登记后 120 分钟内与用户取得联系，外卖配送员应完成配送任务。如登记后 120 分钟内无法与用户取得联系，外卖配送员可终止配送任务。

2.4 取餐后接到用户电话要求取消订单，外卖配送员应电话联系调度人员，调度人员联系用户核实并处理。

3. 紧急事件应对

在岗期间，如遇到应立即停止接单的突发事件，如电动自行车没电、手机没电、车辆故障、手机故障、交通事故、身体不适、临时请假等，外卖配送员应在外卖配送服务信息技术平台上登记，若有订单未完成，外卖配送员应及时联系站长改派。

二、网络订餐配送操作规范①

1. 范围

本标准规定了网络订餐配送的配送箱(包)、配送人员、配送流程与要求、日常管理等内容。

本标准适用于网络订餐配送食品安全相关操作。电话订餐的配送可参照执行。

2. 规范性引用文件

下列文件对于本文件的应用是必不可少的。凡是注日期的引用文件，仅所注日期的版本适用于本文件。凡是不注日期的引用文件，其最新版本(包括所有的修改单)适用于本文件。

3. 术语和定义

下列术语和定义适用于本文件。

3.1

配送服务组织

为网络订餐消费者提供配送服务的组织，包括提供配送服务的餐饮服务提供者和网络订餐第三方平台(简称第三方平台)。

3.2

无接触配送

经与消费者沟通将食品放置到指定位置，由消费者自行领取，减少人员直接接触的配送方式。

3.3

外卖封签

---

① 本标准由浙江省市场监督管理局提出并颁布，为地方标准。

为防止网络订餐食品外包装在配送过程中遭人为或意外破坏、启封所使用的一次性封口包装件。

3.4

高危易腐食品

蛋白质或碳水化合物含量较高(通常酸碱度 pH>4.6 且水分活度 Aw>0.85),常温下容易腐败变质的食品。

4. 配送箱(包)

4.1 配送服务组织应选用对人体完全无害的配送箱(包)。

4.2 配送箱(包)应具有气密性、缓冲性、保温性、耐热耐低温等特性,易于运输和携带。

4.3 配送箱(包)内外表面应干净,无破损,不得有附着物,不得有油(汤)渍、泡沫和异味。

4.4 每天上班前应对配送箱(包)进行清洗消毒;污染后及时清洗,必要时消毒。发生传染病疫情时,应增加清洗消毒频次。清洗和消毒方式参见附录 A。

4.5 配送服务组织应定期检查配送箱(包)是否消毒、破损,定期为配送人员更换配送箱(包),发现破损及时更换。

5. 配送人员

5.1 配送人员不得有任何违反食品安全的行为。

5.2 配送服务组织应定期对配送人员开展食品安全、个人卫生等培训。培训记录保存期限不得少于两年。

5.3 配送人员应持有效健康证明,在显著位置佩戴每日健康情况展示卡(证),必要时应进行临时健康检查。

5.4 配送服务组织应掌握配送人员健康情况,并作好记录,不应安排患有已知或疑似有碍食品安全疾病的人员提供配送服务。

5.5 配送人员患有发热、腹泻等病症及皮肤有伤口或感染时,应主动上报，并暂停配送工作，待病愈后方可重新上岗。

5.6 配送人员上岗时应保持良好个人卫生，不得留长指甲、涂指甲油。在送餐前、送餐返回后，应洗手消毒。

5.7 发生传染病疫情时，配送人员应按照相关要求做好佩戴口罩等个人防护。

6. 配送流程与要求

6.1 一般要求

6.1.1 餐饮服务提供者应选择清洁、无污染、无异味、符合食品安全相关标准要求且密闭性良好的食品容器、包装材料和餐饮具，确保送餐过程中食品不受污染；宜采用可降解材料制成的食品容器、餐饮具、包装材料。

6.1.2 食品容器应对食品具有保护性。对不耐压的食品，应在容器内加防震荡、防碰撞的支撑物或衬垫物；对易渗漏食品，应使用防渗漏包装容器或包装材料。

6.1.3 食品与非食品、不同存在形式的食品应使用容器或独立包装等分隔，容器和包装应严密。

6.1.4 配送服务组织宜在订单界面显著位置显示无接触配送服务信息；消费者可在下单前或配送人员接单后，采用直接在订单中备注或联系配送人员等方式选用无接触配送服务，并指定食品临时存放场所。在传染病流行和易发季节，若消费者未选择无接触配送服务，配送服务组织应主动提示其使用无接触配送服务。

6.2 送前准备

6.2.1 餐饮服务提供者在食品容器、小票或包装上，宜标注"尽快食用"等消费提醒或标注加工制作时间、食用期限。从烧熟至食用的间隔时间(食用时限)一般为烧熟后 2 小时；烧熟后 2 小时食品的中心温度保持在 60℃以上(热藏)的，其食用时限为烧熟后 4 小时。

6.2.2 餐饮服务提供者宜在食品外包装封口等位置使用外卖封签，避免在不破坏封签的情况下接触到食品。外卖封签制作和使用管理等其他要求参见附录 B。

6.3 取餐要求

6.3.1 配送人员在取餐时，发现餐饮服务提供者属于无食品经营资质或存在重大食品安全隐患的，应拒绝取餐，并将相关情况上报。

6.3.2 配送人员在取餐时，对有外卖封签的食品，应现场检查外卖封签的完整性，对外卖封签已被破坏或外卖封签不完整的食品，应拒绝接收。

6.3.3 配送人员对订单及封签完整性复核无误后，应尽快将食品放入配送箱(包)。放入时应避免挤压，对于在配送过程容易引起外观变形等质量问题的食品宜单独存放。

6.3.4 配送冷热食品时宜采用保温措施(采用冰块、干冰或加热板等)；配送高危易腐食品时，应冷藏配送，并与热食类食品分开存放。

6.3.5 配送人员取餐时宜采用无接触取餐。餐饮服务提供者将包装好的食品放在临时存放场所，由配送人员取走；临时存放场所应保持清洁卫生。

6.4 送餐要求

6.4.1 应采取必要的防尘、防雨等措施，防止配送时对食品的污损。

6.4.2 在配送过程中应保持外卖封签的完整性，配送箱(包)不宜直接落地。

6.4.3 在配送过程中发生食品污染、外卖封签损坏或不完整时，应终止配送。

6.4.4 应随身携带配送箱(包)上门配送或将配送箱(包)上锁后上门配送。

6.4.5 对有外卖封签的食品，配送人员应告知消费者检查外卖封签的完整性。外卖封签完整有效的，由消费者确认接收；外卖封签已被破坏或者封签不完整的外卖食品，消费者可拒收。

6.4.6 无接触配送时，配送人员将食品放置在消费者指定临时存放场所，并告知消费者及时取餐。具备即时通信条件时，宜拍摄包含商品并能明确食品位置信息的照片发送给消费者，便于消费者到指定位置拿取食品。

7. 日常管理

7.1 配送服务组织应如实、完整记录网络订餐的订单信息，包括食品的名称、下单时间、配送人员、送达时间以及取餐地点，信息保存时间不得少于 3 年。

7.2 应建立投诉处理制度，公开投诉方式，及时处理涉及消费者食品安全的投诉。

7.3 应收集并处理各类意见与建议，并分析改进。

附录 A　配送箱(包)清洗消毒方法

A.1 清洗方法

A.1.1 清洗前转移出保温材料等物品。

A.1.2 用自来水和(或)洗涤剂溶液清洗餐饮配送箱(包)的内外表面；内外表面应分开清洗，避免交叉污染。使用清洁用具进行清洗时，应保证用具清洁卫生。使用含有表面活性剂的洗涤剂溶液清洗或擦拭时，应用自来水除去洗涤剂残留。

A.1.3 清洗消毒时使用的洗涤剂应符合 GB 14930.1 的规定，配制洗涤剂溶液所使用的水应符合 GB 5749 的规定。

A.1.4 清洗后，及时将配送箱(包)内壁表面弄干，确保干燥。

A.2 消毒方法

A.2.1 配送箱(包)应采用无毒无害的消毒方式,如高温(蒸汽、沸水、100 ℃以上烘干)、75%酒精(表面喷洒、擦拭)、紫外线照射(近距离无死角照射30分钟以上)、臭氧等方式。

A.2.2 消毒后的餐饮配送箱(包)自然晾干或烘干,或使用已消毒的抹布、纸巾等擦干。

附录 B 外卖封签制作与使用管理

B.1 外卖封签的制作

B.1.1 外卖封签可分为下列四种基本样式:

(a)个性版封签:餐饮服务提供者自行定制的个性化的封签;

(b)通用版封签:第三方平台统一定制的,提供入驻该平台的餐饮服务提供者统一使用的,仅具有平台识别性的封签;

(c)定制版封签:餐饮服务提供者根据通用版封签,加入个性化元素,同时具备平台识别性及餐饮服务提供者识别性的封签;

(d)宣传版封签:由相关部门、保险公司等单位设计、发放的不具有识别性的封签。

B.1.2 外卖封签应具备使用后无法恢复原状的性能,确保外卖封签仅具有一次性使用功能。

B.1.3 外卖封签所使用的材质,应符合相关食品包装卫生要求。

B.1.4 外卖封签可使用个性化标识及广告宣传,形式及内容应符合相关法律、法规和规章的规定,不得存在违法或者侵犯他人合法权益的情形。

B.1.5 第三方平台和餐饮服务提供者宜通过在外卖封签上印制二维码等技术手段记载所配送网络订餐食品的提供者、品种、数量、配送时间以及配送人员等信息。

B.2 外卖封签的使用与管理

B.2.1 自愿使用

B.2.1.1 外卖封签的使用应遵循自愿、公平、安全、规范的原则。

B.2.1.2 配送服务组织宜在网络销售界面设置外卖封签专栏，消费者订餐时可选择是否使用外卖封签。

B.2.1.3 使用外卖封签的餐饮服务提供者，应在消费者下单时，以显著、合理的方式提示配送人员和消费者使用外卖封签的情况及接收注意事项。

B.2.2 封签选择与管理

B.2.2.1 餐饮服务提供者宜使用唯一性更高的外卖封签。

B.2.2.2 餐饮服务提供者应妥善保管所使用的外卖封签，并建立台账。

B.2.3 培训

配送服务组织应对配送人员开展使用、辨别外卖封签的培训。

三、商品无接触配送服务规范①

1. 范围

本标准规定了无接触配送服务术语和定义、服务要求、服务流程、异常情况处理和服务质量控制。

本标准适用于配送服务中的无接触即时配送服务，其他配送领域也可参照使用。

2. 规范性引用文件

《外卖配送服务规范》

3. 术语和定义

下列术语和定义适用于本文件。

3.1

网约配送员

通过移动互联网平台等，从事接收、验视客户订单，根据订单需求，按照平台智能规划路线，在一定时间内将订单物品递送至指定地点的服务人员。

注：以下简称"配送员"。

3.2

无接触配送

经与消费者沟通将商品放置到指定位置，由消费者自行领取，减少人员直接接触的配送方式。

3.3

即时通信

---

① 此标准由美团公司于疫情期间提出并发布，得到国家相关部门的认可，并最终形成国家规范标准《商品无接触配送服务规范》（GB/T39451—2020）。

允许两人或多人使用网络实时传递文字消息、文件、语音与视频交流。

4. 服务要求

4.1

平台应具备与开展无接触配送相配套的信息服务功能，包括：

——配送方式选择；

——使用无接触配送提示；

——备注信息栏设置；

——即时通信；

——配送信息确认。

4.2

配送员应接受无接触配送服务的专项培训并通过相应考核。

4.3

配送的设施设备应满足无接触配送服务需求；可根据实际要求选择智能取餐、取货柜、无人车和无人机等智能化设备，并按要求使用。

4.4

在配送过程中宜通过设置商家安心卡和配送员安心卡实现卫生安全全过程的可视化和可追溯。

5. 服务流程

5.1

消费者下单

消费者可在下单前直接在订单备注中选择使用无接触配送，并在备注信息中指定商品放置位置，或在配送员接单后通过联系配送员要求使用无接触配送，并指定商品放置位置。

5.2

配送员接单

配送员接到订单配送信息后，若消费者选择使用无接触配送，配送员应通过电话等即时通信工具联系消费者确认商品放置位置；若消费者未选择使用无接触配送，配送员可视情况主动联系消费者，建议其使用无接触配送，同时确认商品放置位置。

5.3

配送员取商品

配送员应根据订单信息到指定商家取商品，确认无误后按无接触配送服务要求进行配送。

5.4

配送员送达

配送员应根据消费者的要求将商品放置在指定位置，通过电话告知消费者已完成配送，提示其尽快收取。

5.5

消费者收取商品

收到配送员的送达消息后，消费者前往指定位置拿取商品，服务完成。

6. 异常情况处理

6.1

商品配送中异常处理

在无接触配送中，对服务流程中的异常情况，包括但不限于商品破损、丢失、送错的，应具备相应的处理流程、机制和保障措施，由客服部门协助联系配送方确认，一旦出现商品丢失、错送等相关问题，平台宜主动协调解决赔偿问题，保障消费者、配送员和商家的多方权益。

其他商品配送中出现的异常情况应参照 T/CCPTICSC 007—2017 外卖配送服务规范中的规定执行。

6.2

紧急事件应对

在配送过程中，如遇到小区封闭、道路阻断等突发情况，配送员应立即暂停配送，做好自身防护措施后联系站长及客服人员，根据实际情况确认终止或继续配送任务。

6.3

投诉处理

平台应安排客服部门在保证维护双方利益的前提下处理消费者和配送员投诉，处理完成后应根据双方反馈进一步改进。

7. 服务质量控制

7.1

平台应建立完善的质量控制体系，包括但不限于：配送员情况监控、每日订单完成情况监控、突发异常数据监控、项目执行情况监控、风险控制数据监控、核心指标完成情况监控。

7.2

平台应对无接触配送服务流程中商品完好性、配送准时和准确性、人员服务规范性等有管控要求。

7.3

平台应确保配送员与消费者就服务方式达成一致。

7.4

平台应对配送员订单配送服务情况进行评价，并根据评价持续改进。

参考文献

［1］邹开亮，王米娜. 外卖送餐员劳动权益保障初探——从外卖小哥"王立友"工伤赔偿案谈起［J］. 齐齐哈尔学报，2019（10）：55-58.

［2］冯向楠. 北京地区外卖员劳动权益保障状况及影响因素研究［J］. 劳动保障世界，2018（33）：8-9.

［3］胡放之. 网约工劳动权益保障问题研究——基于湖北外卖骑手的调查［J］. 湖北社会科学，2019（10）：56-62.

［4］胡昇平. O2O 模式在餐饮外卖行业中的应用分析［J］. 经营管理者，2016（36）：337.

［5］张宪民，严波. 互联网新业态平台企业就业形态调查及探析［J］. 中国劳动，2017（8）：33-38.

［6］胡夏枫，等. 网约工的劳动权益保护社会科学辑刊［J］. 2018（2）：20-32.

［7］马韵涵，李品峣. OTO 外卖配送分析及对策［J］. 合作经济与科技，2016（22）：15.

［8］游佳. 餐饮外卖平台配送模式研究［J］. 现代商业，2017（26）：53-59.

［9］刘文昌，丁菲，何奎. 基于 O2O 模式的餐饮外卖行业发展对策

研究［J］.辽宁工业大学学报(社会科学版)，2015(5)：23-25.

[10]金辰.网约工的劳动关系和权益保障[N].学习时报，2018-09-13(3).

[11]魏巍.非典型雇佣关系的影响因素及优化研究[D].首都经济贸易大学，2018.

[12]孟续铎.新业态发展中劳动关系面临的问题及对策[J].中国人力资源社会保障，2018(4)：29.

[13]余光明.外卖员合法劳动权利研究［J］.现代商业，2019(20)：78-79.

[14]何成根，邓永辉.外卖骑手劳动安全卫生权益保障问题研究[J].经济研究导刊，2019(2)：192.